SOUS LE SOLEIL D'AFRIQUE

PAR

CHARLES BUET

TOURS
ALFRED CATTIER
ÉDITEUR

SOUS LE SOLEIL D'AFRIQUE

TOURS, IMP. DESLIS FRÈRES

LES NÈGRES LES TUENT A COUP DE SAGAIE, AU POINT DE LES FAIRE RESSEMBLER A DES PORCS-ÉPICS (p. 14).

SOUS

LE

SOLEIL D'AFRIQUE

PAR

Charles BUET

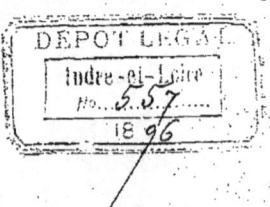

TOURS

ALFRED CATTIER

ÉDITEUR

Propriété de l'Éditeur

UNE CHASSE A L'ÉLÉPHANT

AU PAYS DES DENKAS

A mon neveu Jules Poncet.

UNE CHASSE A L'ÉLÉPHANT

AU PAYS DES DENKAS

Pendant les derniers mois de sa vie, qu'il passa à Paris, auprès de sa sœur et de son beau-frère (1), le célèbre explorateur de l'Afrique centrale, Jules Poncet, peu connu parce qu'il est mort trop jeune, me racontait souvent quelques épisodes de son existence aventureuse. Ses chasses, ses expéditions lointaines au cœur de l'Afrique, ses voyages, lui avaient laissé le souvenir de maint incident dramatique. Il avait connu Baker et Schweinfurth. Le Saint était mort dans ses bras; le baron de Harnier, Heuglin, Perrier, avaient partagé ses périls, au milieu des nombreuses tribus du Fleuve-Blanc et du Fleuve-Bleu.

C'est donc à Jules Poncet que revient tout le mérite du récit que voici, et dans lequel il joue un rôle.

(1) L'auteur de ce livre.

I

C'était, il y a quelque trente ans. Jules Poncet, alors tout jeune garçon, faisait son premier voyage sur le Nil, entre Khartoum et Gondokoro, avec son oncle, le consul Alexandre Vaudey, un Italien nommé Théodore, type assez original, et le baron de Harnier, qui devait mourir peu de temps après, dans une chasse au buffle.

Ils remontaient le fleuve sur une *dahabieh*, sorte de grande barque pontée, et, après une assez pénible navigation, Vaudey, un matin, fit jeter l'ancre dans une crique, en vue d'un village denka assez important. Il avait résolu de prendre quelques jours de repos, et d'offrir à ses compagnons le divertissement d'une chasse à l'éléphant, que Jules surtout réclamait avec insistance.

La halte était nécessaire. On allait entrer dans le dédale presque inextricable que forment les diverses branches du Fleuve-Blanc, à partir des marécages où se jette le Saubat. C'était d'ailleurs une occasion d'explorer une région à peu près inconnue et d'observer les mœurs d'une peuplade intéressante.

Les Denkas sont généralement grands et forts. Leurs jambes longues et décharnées leur donnent de la ressemblance avec les oiseaux du genre des échassiers qui vivent le long des marais, ressemblance qui s'augmente par l'habitude qu'ils ont de stationner sur un seul pied, des heures durant.

Les hommes de cette race portent leurs cheveux courts et se rasent, avec un fer blanc, le peu de barbe qui leur vient au menton. La couleur de leur peau est d'un noir foncé. Les femmes se chargent les poignets et les chevilles des pieds d'anneaux de fer; les riches se passent au bras une série d'anneaux d'ivoire, qui forment une sorte de brassard.

Les Denkas sont d'un noir très foncé, mais la cendre dont ils s'enduisent le corps leur donne une teinte brune. Ils portent les cheveux courts avec une mèche laineuse qu'ils ornent d'une aigrette en plumes d'autruche. Quelques-uns, au moyen de lotions faites avec de l'urine de vache, teignent leur chevelure en roux fauve. Comme ils s'arrachent les incisives inférieures, les dents de la mâchoire supérieure descendent fort bas, ce qui leur a fait donner par les Nubiens le sobriquet d'*Abou-Sinan* (le père à la dent saillante).

Les Denkas se mettent aux oreilles des anneaux de fer. Certaines femmes ont tant de goût pour ce métal précieux qu'elles se chargent d'un demi-quintal d'ornements en fer. Elles brodent leur double tablier en peau, de perles, de verroteries et de grelots.

Avec les queues de chèvres et les queues de vaches, on compose aussi des parures étranges.

Le deuil se marque avec une corde au cou.

L'arc et les flèches sont inconnus ; les armes favorites de ces indigènes sont la lance, le bâton en bois d'heglik et la massue en ébène. Leur bouclier, le kouerre, est en bois sculpté, long, renflé au centre.

Leur logis est propre ; leur cuisine est faite avec soin. Le maïs, le tubercule de *nymphœa* leur fournissent d'excellente farine. Ils ont un goût prononcé pour le lièvre, qu'ils font rôtir. Ils mangent proprement, ce qui indique un certain degré d'élévation morale.

Les habitations des Denkas, dit Schweinfurth, ne forment pas des villages, ce sont des fermes, composées d'un certain nombre de huttes, situées au milieu des cultures ; mais le bétail d'une commune est réuni dans un vaste enclos, avec une sorte d'infirmerie pour les bêtes malades. Sous un hangar, placé au milieu des cases, se trouve la cuisine, abritée du vent par un petit mur circulaire en pisé.

La muraille des huttes est formée d'argile et de paille hachée.

Les animaux domestiques des Denkas sont le bœuf zébu, la vache, la chèvre, des moutons à crinière et à poil ras. Ils n'ont pas de volailles. Ils font leurs délices d'avoir des nombreux troupeaux ; les enfants s'amusent à modeler des bœufs avec de l'argile.

Cette tribu est essentiellement agricole. Ils n'ont pas de religion déterminée, mais ils sont superstitieux. Ils ont des vertus de famille, soignent leurs enfants, se montrent pitoyables aux malades et aux malheureux. Ils sont néanmoins guerriers, courageux, presque féroces dans la bataille.

Le territoire des Denkas présente une aire de soixante à soixante-dix mille mètres carrés. Il comprend à peu près, dit Schweinfurth, tout l'espace qui s'étend de la rivière des Gazelles au pays des Bongos et des Djours.

C'est une vaste plaine alluviale, au sol argileux et brun, dont pas une colline, pas une masse rocheuse ne rompt l'uniformité et qui ne porte que des bois d'une très faible étendue. En approchant des districts des Djours et des Bongos, cette plaine, qui ressemble ici à un parc, change d'aspect, et présente avec le pays voisin un contraste frappant. Elle touche de ce côté à l'énorme plateau ferrugineux, qui s'élève graduellement jusqu'à l'équateur sans que la nappe en soit autrement accidentée que par de molles ondulations. Ce plateau paraît occuper la plus grande partie du centre de l'Afrique, si même il ne s'étend pas jusqu'au Benguela et jusqu'aux rives du Niger.

Vaudey laissait ses barques mouillées en vue d'un gros village, sous la garde des *reis* ou capitaines, et sous la haute direction de Théodore, lequel préférait le calme et doux *far niente* du bord aux exploits cynégétiques et aux émotions de toute nature qui en sont l'inévitable conséquence.

Mais le baron de Harnier et le bouillant Poncet brûlaient de courir sus à l'énorme pachyderme qui règne sur le centre africain, et ce fut avec une joie bruyante qu'ils se mirent en route avec le consul.

Depuis la disparition de la surface du globe des colosses antédiluviens, le mastodonte, le mammouth et le gigantesque dinothérium, l'éléphant est le plus énorme animal connu. Il habite les zones chaudes de l'Asie et de l'Afrique, mais dans chacune de ces parties du monde il constitue une espèce distincte de l'autre. L'éléphant d'Afrique diffère de celui d'Asie par la longueur de ses défenses et la dimension du pavillon de ses oreilles.

Il vit dans les forêts, d'où il chasse tous les autres animaux. Cuvier attribue à sa vie une durée de deux siècles. Les nègres le tuent à coups de *sagaie*, au point de le hérisser de projectiles et de le faire ressembler à un porc-épic. Il vit par *hordes* ou troupes de trente à cent individus.

On a passablement exagéré les qualités morales de l'éléphant; il est poltron, vindicatif et d'une intelligence médiocre. Il a l'odorat si fin que ce sens remplace pour lui celui de la vue. Il court très vite ; en plaine, aucun homme ne peut lui échapper. La trace du pied du mâle est ronde, celle de la femelle est ovale.

En débarquant le matin de leur dahabieh, le consul, son neveu et M. de Harnier, qu'un domestique nègre nommé Mayom avait voulu accompagner, trouvèrent à l'entrée du village le chef denka nommé Modjoc, et deux de ses amis, avec la coiffure de cérémonie, le tartour chargé de verroteries, qu'il leur présenta sous les noms de Match et de Koullang. Une dizaine de nègres les suivaient armés chacun de deux lances, et de *trombaches*, couteaux à plusieurs lames très lourds, et qu'ils lancent pour couper les jarrets de l'éléphant.

Après les politesses d'usage, la petite troupe se mit en marche, trois bœufs zébus et un âne au poil pelé portaient les bagages, les munitions et des carabines de rechange, chaque chasseur ayant la sienne sur l'épaule.

Vers le milieu de la journée, on fit halte dans un ancien parc à bestiaux, au bord d'un petit étang qu'ombrageaient des hegliks. On fit boire les animaux ; on prépara le repas pour les hommes.

Des cris stridents retentirent tout à coup ; une colonne épaisse de fumée, noire et nauséabonde s'élevait d'un petit bois voisin. Jules y courut avec le noir Koullang qui abandonna, pour le suivre, le quartier de mouton rôti qu'il dépeçait à belles dents.

Au centre d'une clairière, sept ou huit nègres dansaient, en poussant des hurlements, autour d'un bûcher sur lequel se consumait lentement le corps d'un lion. Koullang apprit d'eux que la bête féroce avait enlevé et dévoré un enfant ; qu'ils l'avaient surprise accroupie sur les restes pantelants de sa victime, et que l'ayant tuée à coups de lance, ils réduisaient son corps en cendres, afin qu'elle ne pût jamais renaître sous une autre forme.

Ce récit achevé, les naturels continuèrent leurs incantations, leurs cris, leurs danses forcenées, et le jeune homme, impressionné par ce barbare spectacle, revint au parc à bœufs où Vaudey se divertissait à faire le coup de fusil sur des pintades, perchées par milliers sur les branches des arbres.

Ils partirent presque aussitôt et s'engagèrent dans un étroit sentier, que bordaient des tamariniers, des sycomores, des arrouels, des *amed* — arbre mince et très haut, à larges feuilles, — des longs-cilal, espèce de jujubier.

Ils traversèrent une plaine couverte d'herbes desséchées, et firent halte une seconde fois auprès d'un puits d'eau nitreuse qu'entouraient quelques *goutties* (huttes en paille) abandonnées, défendues par une forte haie d'arbustes épineux.

Là, ils relevèrent des traces de rhinocéros.

Match, qui était un *kodjour* ou sorcier, dit alors à Vaudey :

— La bête n'est pas loin. Laissez-moi faire : elle ne pourra ni s'enfuir, ni nous charger.

Il se mit à gesticuler, puis il planta un piquet dans la terre, il fit diverses contorsions. Mais il demeura prudemment en arrière de la troupe, qui entra sous bois.

Un craquement de branches sèches se fit entendre. Koullang commanda le silence et montra, à deux cents pas en avant, un éléphant posté sous un *arrouel*. Les chasseurs s'avancèrent doucement derrière les buissons jusqu'à un gros bouquet d'herbes d'où ils croyaient être à portée de le tuer. En effet, Jules pressa la détente de sa carabine.

A ce bruit, l'éléphant poussa un rauque barrissement, se retourna et chargea ses adversaires.

Le chef Modjock, peu courageux de son naturel, se jeta dans un buisson d'épines et s'y enfonça si bien qu'il ne pouvait plus être aperçu. Mais l'animal le sentait, et se mit à tourner autour de son refuge. Vaudey lui envoya une balle dans l'oreille. M. de Harnier l'imita, et eut la joie de voir le pachyderme chanceler, remuer sa trompe d'une façon désespérée, et tomber, enfin, en écrasant de sa masse les broussailles et les arbustes.

Modjock sortit alors tout ensanglanté de son fourré d'épines, et il commençait à chanter victoire lorsqu'un second éléphant parut sur le théâtre du combat. Il avait près de quatre mètres de haut, et ses défenses étaient d'une grosseur monstrueuse.

En voyant le cadavre de son congénère, il exhala des cris plaintifs et s'enfuit.

Les chasseurs se lancèrent à sa poursuite laissant en arrière le *kodjour*, qui continuait ses simagrées, et Modjcok, qui faisait assez piteuse mine.

L'éléphant, blessé grièvement par une décharge générale, s'était arrêté près d'une mare, et pompait avec sa trompe de l'eau, dont il arrosait ses blessures, tout en poussant des cris déchirants.

Alors les nègres, vociférant la clameur de guerre, cernèrent l'animal. Quelques-uns montèrent sur des branches, et de là firent pleuvoir sur lui une grêle de lances, dont un poids en fer terminait le manche très court et qui s'enfonçait en oscillant dans l'épaisse cuirasse de la bête. Elle ne tarda pas à succomber.

On lui coupa la queue, et les Denkas s'occupèrent d'arracher aux deux cadavres leurs lourdes défenses. En même temps, ils enlevaient les foies et l'un des pieds, destinés, ceux-là, à fournir un succulent ragoût, celui-ci à être grillé dans une fosse sur des cailloux rougis au feu.

Revenus au campement, les chasseurs s'établirent sous un groupe de tamariniers. Jules ne se possédait pas de joie. Il affirmait que la balle de sa carabine, et non une autre, avait octroyé à l'éléphant le coup de grâce. Il ne tarissait pas en vanteries, et parlait avec un noble dédain, maintenant, du gibier commun, sangliers, élans, antilopes, outardes, bestioles de minime importance et tout au plus dignes de *sportmens* en habit rouge.

— Tu n'as pas tué de rhinocéros, lui dit son oncle en souriant de sa faconde. Je suppose que tu voudras en inscrire une couple sur ton carnet de chasse. En attendant, fais-moi le plaisir d'aller cueillir quelques rayons de miel sur cet arbre couvert d'abeilles que tu vois là-bas.

Jules, se rappelant alors ses lectures d'enfance :

— Oui, mon oncle, mais je ne m'exposerai pas à la mésaventure du petit Frantz de *Robinson Suisse !*

Il se masqua le visage d'un lambeau de mousseline, et prit une grosse *pipe denka* qu'il bourra de tabac et qu'il alluma.

Il se rendit ensuite auprès de l'arbre, sous l'escorte de deux nègres, accomplit l'opération désignée, qui se termina sans encombre, et revint portant sur des feuilles de bananier deux rayons d'un excellent miel.

Match le *kodjour* fit avec ce miel, mêlé à des morceaux d'écorce au parfum âpre, une outre d'hydromel.

Koullang s'occupa de la cuisine ; et Modjock, après avoir pansé les déchirures faites à sa peau noire par les aiguillons des ronces, prépara un retranchement de cactus et de branches de mimosas à quelque distance des puits ; ces puits étaient des excavations profondes, alimentées par des sources d'eau vive, et bordées de glaïeuls, de plantes vertes et de fleurs.

Au coucher du soleil, les chasseurs se réunirent en cercle sous un toit de paille supporté par des piliers de bois. Ils firent là le pittoresque repas des aventuriers.

— Si mes anciens amis, dit le baron de Harnier, me savaient en train de savourer un ragoût de foie d'éléphant, quels rires éclateraient au foyer de l'Opéra et dans les salons des cabarets à la mode.

— Et ce pied qui mijote sur des cailloux rougis..., ajouta Vaudey.

— Pour rôti, une outarde... du miel sauvage pour dessert... Aucun prince ne dîne comme cela à l'heure qu'il est, poursuivit Jules. En guise de valets, dix grands diables noirs, et c'est la nature seule qui fait les frais de leur livrée !

— La salle à manger est splendide, reprit le baron en montrant le paysage et le ciel, des arbres immenses, une voûte constellée de pierreries...

— Et comme intermède, continua le consul, l'agréable visite des hôtes de la forêt !...

Les trois chefs denkas écoutaient ce dialogue en faisant des grimaces bizarres, et causaient de leur côté, s'émerveillant de la gaieté de leurs hôtes, de la bonne humeur du jeune homme, des gentillesses de Mayom, qui s'amusait de leurs figures tatouées.

On avait suspendu, aux piliers de la hutte, les trophées de la victoire, les défenses encore ensanglantées et les queues des éléphants.

Le repas achevé, on alluma les pipes, et l'on resta une heure encore à deviser. La nuit était venue, avec son cortège d'étoiles, sa brise fraîche et parfumée.

— Mes enfants, dit Vaudey, le moment est venu de nous mettre à l'affût. Chargez vos armes, soyez vigilants et prudents.

— Mon oncle, si j'en tue un, l'ivoire sera pour moi ? demanda Jules.

L'oncle, toujours généreux, lui promit ces dépouilles opimes.

Les chasseurs se postèrent derrière le retranchement établi par Modjock. Le *kodjour* recommença de plus belle ses incantations magiques, et Koullang, après avoir éteint les feux, plaça ses hommes en observation près des puits.

Au bout de quelques instants, un spectacle grandiose s'offrit aux yeux ébahis des chasseurs. Ils virent défiler devant eux une multitude d'animaux qui s'avançaient par troupes, attentifs, un peu inquiets, se rangeaient sur le bord des mares, sous la garde d'une sentinelle, buvaient à longs traits, et s'enfuyaient ensuite comme s'ils eussent été poursuivis.

Ce furent d'abord des girafes, à la robe marquetée ; haut perchées sur leurs pattes grêles, allongeant curieusement leur col flexible et long ; ensuite des antilopes, aux cornes torses, au poil fauve ; des élans robustes, dont les sabots heurtaient le sol avec bruit ; des gazelles à l'allure élégante, bondissant avec souplesse dans les hautes herbes. Des branches où ils sommeillaient à demi, les singes les bombardaient de fruits, tandis que, sous la ramure des acacias, les cynocéphales aboyaient.

Puis, des sangliers au boutoir crochu, des phacochères aux grognements nasillards arrivèrent par bandes, se poussant et se battant. Derrière eux, il y eut des piétinements sourds ; un troupeau de buffles se précipitait à travers les halliers. Ils ne firent que passer, se désaltérant en toute hâte. Après les énormes ruminants, il y eut un instant de silence. Et alors, par sauts gracieux, apparurent deux panthères dont le fauve pelage luisait, tandis que clapotait le bruit de leur langue, lappant cette eau limpide.

Une masse noire parut entre les tamariniers, remuant pesamment. C'était un rhinocéros qui venait, poussant droit devant lui, et dont l'énorme corps brisait tout sur son passage. A sa vue, les deux félins miaulèrent; mais ils jetèrent sur le stupide géant des regards de dédain et s'éloignèrent sans l'attaquer.

Sous leur abri de feuillage, les chasseurs admiraient cet étrange tableau. Ils entendaient les harmonies de la nuit dans le désert; des rugissements lointains, des chants d'oiseau..., le souffle du vent dans les frondaisons touffues.

Plus d'une fois Jules Poncet fut tenté d'envoyer une balle à ces terribles visiteurs. Il eut envie d'une peau de panthère. Mais son oncle, qui l'avait à sa droite, murmura un ordre, et l'enfant obéit à regret.

Enfin, après quelques minutes d'attente, retentit le bruit sonore du balancement de plusieurs trompes, et bientôt on vit apparaître, d'un pas majestueux, quatre éléphants d'une taille colossale. Ils semblèrent écouter un instant, puis ils s'avancèrent jusqu'au bord du seul puits dont l'onde n'eût pas encore été troublée; mais le niveau était plus bas. Alors trois d'entre eux s'agenouillèrent pour pomper l'eau avec leur trompe, tandis que le quatrième faisait le guet.

Les trois Européens épaulèrent leurs armes, ajustèrent les éléphants au défaut de l'épaule, et tirèrent en même temps.

La triple détonation résonna comme un coup de tonnerre ; aussitôt ce fut un effroyable concert : les éléphants barrirent, les bœufs meuglèrent, les singes hurlèrent, des milliers d'oiseaux, subitement éveillés, piaillaient.

Les pachydermes se portèrent en avant, mais les puits leur barraient le chemin ; ils n'avaient, au reste, ni vu, ni éventé les chasseurs, qui, hors de danger, rechargèrent leurs carabines, firent un détour et s'avancèrent dans la forêt.

L'un des colosses était blessé : une seconde balle l'atteignit à l'oreille ; il s'abattit, entraînant dans sa chute un heglik, dont il brisa le tronc.

Le second fut frappé à mort par Jules Poncet. Les deux autres, au lieu de fuir, s'approchèrent de celui qui venait d'être tué, fléchirent les genoux et, passant leurs défenses par-dessous le cadavre, ils essayèrent de le relever.

Une nouvelle décharge foudroya le plus gros. Le dernier, qui poussait des cris aigus et lamentables, se releva tout à coup, déracina avec sa trompe un arbre qu'il lança sur les chasseurs, dont aucun ne fut atteint, et il marcha sur eux.

Trop rapprochés pour fuir, ils se cachèrent dans les buissons. Mais, saisi d'une terreur soudaine, l'animal fit volte-face, et se mit à courir au galop dans la plaine qu'il eut rapidement traversée.

Déjà les nègres allumaient de grands feux, préparés à l'avance. A leur clarté, ils dépecèrent les éléphants, enlevèrent les défenses, et bientôt il ne resta sur la terre inondée de sang que des squelettes décharnés.

Cette boucherie fit horreur au baron de Harnier et à Jules, qui, tout joyeux d'une si belle chasse, mais dégoûtés des scènes qui en furent la suite, se réfugièrent dans une hutte, où Mayom dormait déjà.

Ils s'étendirent sur leurs lits de cendres recouverts de peaux de mouton. Seulement il leur fut impossible de dormir, et jusqu'au point du jour ils échangèrent de gais propos, tandis que Vaudey surveillait l'emballage de son ivoire dont il ne dédaignait pas de tirer profit.

III

A peine l'astre du jour irradiait-il dans l'azur, qu'une vie nouvelle anima la vaste région déserte.

Le formidable concert des animaux, colosses et carnassiers, salua de triomphales clameurs le roi soleil renaissant ; les oiseaux chanteurs firent assaut de mélodies, et les singes, éveillés dans leurs hamacs de brindilles entrelacées, tinrent gravement conseil en prenant des postures extravagantes.

Jules Poncet et M. de Harnier furent les premiers sur pied ; ils coururent aussitôt sur le théâtre de leurs exploits. Mais, des éléphants tués la veille, il ne restait que des squelettes décharnés ; de ces montagnes de viande, les hôtes de la forêt avaient soupé toute la nuit. Les carcasses informes gisaient dans les hautes herbes, blanches, avec des mouchetures de sang, et quelques cynocéphales rôdaient autour, étonnés de ces prodigieuses masses d'ossements à l'odeur nauséabonde.

Sous les ordres du kodjour Match, les Denkas s'occupaient des préparatifs du départ. Chacun des bœufs zébus fut chargé d'une paire de défenses, enveloppées avec soin de foin et de larges feuilles. L'âne, au pelage râpé, eut sa part du fardeau et, par surcroît, fut orné des queues d'éléphants qui lui firent un bizarre panache.

On remplit d'eau nitreuse les outres dégonflées, puis on tira d'une fosse où depuis plusieurs heures ils cuisaient, des tronçons de trompes d'éléphants, régal apprécié des sauvages ; et, quand Vaudey sortit de sa hutte, frais et dispos, comme s'il avait dormi sous des courtines de damas, un couvert coquettement dressé l'attendait, à l'ombre d'un bosquet d'acacias.

En déjeunant, le consul fit remarquer à ses hôtes qu'ils avaient atteint les limites du voyage d'exploration à la recherche des sources du Nil, entrepris, au premier siècle de l'ère chrétienne, sur l'ordre de Néron, par deux centurions romains... Dès cette époque, le problème des sources du grand fleuve intéressait les savants, mais les émissaires de César ne poussèrent pas plus avant, parce qu'ils furent arrêtés, au-delà de l'embouchure du Saubat, par les grands marais du lac Nô.

Il leur promit ensuite de leur faire visiter, avant d'arriver à Gondokoro, quelques tribus indigènes; les Nouairs, chez qui ils chasseraient le buffle; puis les Barrys, et plus tard les innombrables peuplades qui s'étendent du pays des Gallas aux régions inexplorées du plateau central; les Bondjacks, dont le roi ne met jamais pied à terre, et ne marche que sur des peaux de bœufs qu'on a soin de jeter sur son passage; les Djoubas, qui saignent leurs bœufs au cou pour en boire le sang tout chaud; les Djours, les Dors, les Gaouers, les Elliabs, les Touidj, les Kitch, les Rol, les Lao, les Djerouil, les Rek, toutes tribus appartenant à la race denka, sauf les Djours et les Elliabs...

Les chefs denkas mangeaient avec avidité, non sans trahir par mainte grimace leur satisfaction de telle frairie. Enfin, on allait donner le signal du départ, lorsque Vaudey, selon son habitude, recensant l'effectif de la petite troupe, s'aperçut qu'un des nègres manquait à l'appel.

Il adressa vivement la parole à Modjock. Un colloque animé s'engagea; Tout à coup, Harnier et Jules, stupéfaits, virent le consul pâlir, puis rougir, donner des marques d'une violente indignation et, finalement, tomber à grands coups de courbache sur le potentat africain qu'il fustigea de la belle manière, sans vouloir entendre ses supplications, ni ses cris.

Koullang et Match, interdits, restaient immobiles, sans oser porter secours à leur compagnon, et les autres nègres échangeaient des regards narquois, proféraient quelques paroles brèves, quelques-uns même riaient de la piteuse mine de leur chef.

Modjock fut consciencieusement roué de coups de cravache; son dos et ses épaules déchirés témoignaient de la vigueur de l'impitoyable justicier, dont la colère allait croissant et qui se serait porté à quelque extrémité, car déjà il mettait la main à la crosse de son pistolet, si Jules n'était parvenu à le calmer, en l'implorant avec des larmes dans les yeux.

— Mais, enfin, s'écria M. de Harnier, qui n'avait jamais vu le consul dans une telle fureur, nous direz-vous la cause de cette algarade! Que se passe-t-il donc?

— Ce qui se passe?... vociféra Vaudey, hors de lui et levant de nouveau sur l'infortuné Modjock la longue et flexible lanière de peau d'hippopotame.

Jules se suspendit à son bras pour lui faire lâcher prise.

Vaudey reprit d'une voix courroucée :

— Nous avions avec nous, parmi ces hommes, un Lao malade, qui se traînait à peine. J'avais ordonné hier, pendant la marche, qu'on le mît sur l'âne, et que la charge de l'âne fût répartie entre deux ou trois des sujets de Modjock. Or, savez-vous ce que les misérables ont fait cette nuit ? Craignant que je leur fisse encore aujourd'hui porter quelques livres pesant de bagages, pour que leur camarade fît la route sur notre âne, sans se fatiguer..., ils ont assommé le Lao à coups de bâton.

Jules et le baron poussèrent un cri d'horreur.

— Et savez-vous l'excuse invoquée par ce singe à face humaine ? poursuivit Vaudey en s'exaltant au bruit de ses propres paroles. Il dit qu'étant malade, le *Lao* ne pouvait servir à rien, et qu'il nous a débarrassés d'une bouche inutile... Bandit !

La correction recommença de plus belle, mais le jeune Poncet obtint la grâce du coupable qui s'enfuit, en hurlant, à l'arrière-garde.

III

C'en était fait du prestige de ce prince d'ébène, et, séance tenante, il fut dépossédé de son autorité royale qui fut conférée à Koullang, sous la réserve que les gens du village confirmeraient le nouvel élu.

Il était temps que la troupe se mît en marche. Elle s'engagea, par un autre chemin, dans une épaisse forêt d'acacias talka à écorce rouge et à fleurs jaunes, dont les feuilles entrelacées préserveraient la caravane des ardeurs du soleil.

Les chasseurs côtoyaient depuis une heure environ un cours d'eau paisible tout couvert de nénuphars, d'orchis, de fleurs et de feuilles étranges, aux senteurs pénétrantes, lorsqu'ils virent debout, sur une patte, le bec appuyé sur son jabot, tout près d'une fourmilière, un oiseau énorme, haut de quatre pieds, et d'un aspect singulier. Les mandibules de son large bec, jetées de travers, son œil vif et féroce, la couleur de ses ailes d'un brun fuligineux, le faisaient reconnaître pour un oiseau extrêmement rare, du genre des échassiers, le *balœniceps roi*.

Il se tenait immobile sur la marge vaseuse de la rivière, happant de temps à autre un insecte avec un claquement sonore de son bec.

Le jeune Poncet, après l'avoir un instant considéré,

le tira, et fut assez heureux pour l'abattre du premier coup. Les ailes du *balœniceps* mesuraient deux mètres et demi d'envergure.

— Belle chasse ! dit M. de Harnier, un peu jaloux de cet exploit de son jeune ami.

— Je crois bien ! confirma Vaudey. Je n'ai jamais pu tirer un de ces magnifiques échassiers, et je t'achète son corps au prix que tu voudras, neveu.

Sur-le-champ on procéda à l'autopsie de l'oiseau, qui fut bourré de tabac, de camphre et de sel, pour qu'il se conservât ainsi jusqu'aux barques.

Jules, ivre de joie, pérorait sans trêve ; Koullang vint le féliciter en son idiome guttural, et lui voulut donner son collier en griffes de lion, que le jeune homme accepta en échange d'un fil de perles fausses, présent superbe qui lui valut une avalanche de compliments et de poignées de main.

Un peu après midi, les chasseurs débouchèrent dans une vaste clairière, où ils se trouvèrent soudain en présence d'un spectacle inattendu.

Sept ou huit soldats nubiens, vêtus de chemises blanches, commandés par deux Turcs au visage bestial, enveloppés de burnous rouges et armés de vieilles carabines, surveillaient les mouvements d'une centaine de femmes et d'enfants attachés les uns aux autres par des cordes assez lâches, de telle sorte que chaque individu formait comme des anneaux de cette chaîne.

Koullang parut contrarié. Match poussa un cri, Modjock se cacha derrière ses ex-sujets, et ceux-ci, la lance en arrêt, se tinrent prudemment derrière les Européens, qui mirent aussitôt le pistolet au poing, en reconnaissant des marchands d'esclaves.

Jules Poncet voulait charger sans autre préambule ; son oncle l'arrêta ; mais les Turcs, d'abord effrayés, se rassurèrent bien vite. Ils n'avaient devant eux que trois Européens et une dizaine d'indigènes, sur la neutralité desquels ils comptaient, car les esclaves appartenaient, non pas à une tribu denka, mais à la race des Bongos.

Les Bongos habitent un district situé à la limite sud-ouest du bassin de la rivière des Gazelles, au-delà des Djours. Ils ont la peau d'un rouge brun, presque la couleur du cuivre ; ils sont vigoureux et massifs. Ils sont essentiellement agriculteurs ; cependant, sans être cannibales, au dire de Schweinfurth et de Poncet, ils regardent comme alimentaire toute substance animale, quel que soit l'état dans lequel elle se trouve.

Leur ornement distinctif est le *dangabor ;* c'est une série d'anneaux superposés composant un brassard, à la fois juste et flexible, dont chacun des bracelets offre une saillie décorative.

Ils sont musiciens passionnés ; leurs instruments sont

le tambour, une sorte de trompe appelée *many inguys*, le cornet ou *mangât*, la flûte *mbourch*.

Parmi les femmes qui se trouvaient sous la dépendance des trafiquants turcs, auxquels le consul Vaudey se préparait à donner une rude leçon, les unes avaient pour costumes des touffes d'herbe, les autres des queues en filasse de *sanseviéra*, avec des coiffures en plumes ; celles-ci se paraient de colliers en serres d'aigles, de pectoraux en dents de crocodile ou en ongles d'oryctérope, de bracelets de fer ou de cuivre, celles-là avaient, à la lèvre inférieure percée, de grosses chevilles de bois ; au nez, des anneaux ; aux oreilles, des croissants de métal.

Plusieurs d'entre elles portaient leurs enfants sur le dos dans des sacs en peau de chèvre.

IV

Toute religion est étrangère aux Bongos. Ils redoutent néanmoins des esprits malfaisants qui, selon leurs croyances, habitent des forêts ténébreuses, les *rongas*. Leurs sorcières font commerce de racines magiques ; elles portent le nom de *Belomah*. Ils n'ont pas même l'idée d'un créateur. Chez eux, l'équivalent des mots *esprit*, *âme*, *espérance* n'existe pas.

Malgré les dispositions hostiles que prenaient Vaudey

et ses compagnons, les Turcs s'approchèrent de ceux-ci et firent avec une humilité hypocrite les *samalecs* d'usage.

Le consul, bien qu'il ne pût conserver le moindre doute sur les gens auxquels il avait affaire, comprit ce que lui commandait la prudence : il n'en garda pas moins son attitude défensive, et, montrant aux Turcs les pauvres hères couchés sur l'herbe, et dont la figure émaciée, la malpropreté, les gémissements plaintifs trahissaient les souffrances, il interrogea ces marchands de chair humaine. Ils venaient, à leur dire, des hautes contrées du fleuve, et avaient acheté ces femmes et ces enfants au roi des Bongos; ils les conduisaient à Hellet Kala, où étaient leurs barques chargées d'ivoire et d'esclaves noirs.

Vaudey leur demanda de quel droit le chef des Bongos leur avait vendu ces infortunés, de quel droit ils les achetaient, et il leur ordonna de leur rendre la liberté.

A ces injonctions, plusieurs fois répétées avec énergie, les marchands turcs firent mine de résister ; mais Vaudey, Harnier et Jules, les couchant en joue, les menacèrent de les fusiller à bout portant : quant au petit nègre Mayom, il avait ouvert une grosse poire à poudre qu'il approchait du feu à demi consumé, où il rôtissait un mouton.

Vaudey expliqua la situation à Koullang en quelques paroles, et Koullang, qui s'était épris d'une amitié fanatique pour ces Européens si braves, si généreux et si puissants, donna aussitôt des ordres aux nègres qui vinrent se ranger, la lance au poing, devant les *cawas* déguenillés des Turcs.

Ces derniers tremblaient d'effroi.

Ils essayèrent néanmoins encore de résister ; mais, voyant Mayom, sur un signe de son maître, se diriger vers le foyer, ils glapirent furieusement, comme des hyènes forcées dans leurs repaires.

Alors les Nubiens déposèrent leurs fusils sur le gazon. Mayom les visita l'un après l'autre et en enleva les capsules. Il recueillit ensuite les munitions et les fit placer, enveloppées d'une couverture, sur le placide Aliboron, lequel employait ses loisirs à brouter de jeunes pousses de bambous.

Déjà le baron et Poncet coupaient avec leurs couteaux la corde qui liait l'un à l'autre les pauvres Bongos ; ceux-ci poussaient des cris d'allégresse. Mais les marchands, ivres de rage, tirèrent leurs yatagans, et, voyant leur marchandise fuir à toutes jambes, ils se précipitèrent sur les Européens qui soutinrent le choc sans broncher.

Les femmes bongos, en un clin d'œil, eurent arraché aux arbres de grosses branches qui devinrent entre leurs mains de solides massues, et la mêlée ne fut pas de longue durée. Deux ou trois Nubiens mesurèrent le sol fauché par les terribles *trombaches* que les Denkas leur lançaient, un autre eut le crâne fracassé ; un autre encore la poitrine trouée de part en part par une lance. Quant aux chefs, ils furent hors de combat avant d'avoir pu se servir de leurs poignards, et bientôt garottés par leurs propres esclaves, eux et les deux soldats valides qui leur restaient furent réduits à l'immobilité absolue.

Les Bongos tenaient conseil. Vaudey leur fit donner à manger, pansa les plaies des blessés, distribua aux femmes quelques morceaux d'étoffe. Modjock s'offrit modestement à les guider jusqu'au prochain village, sous sa sauvegarde. Il préférait, d'ailleurs, ne pas rentrer, détrôné et humilié, dans sa capitale aux huttes de paille.

Il offrait d'emmener les Turcs qui se tordaient sur la terre en larmoyant.

Cette proposition fut acceptée, et la troupe des Bongos, entourant les deux marchands fort penauds et déconfits, continua sa route, tandis que Vaudey et les siens reprenaient, de leur côté, le chemin du village denka où ils arrivèrent à la tombée de la nuit, et où ils trouvèrent Théodore très occupé à enseigner aux sauvages la tarentelle napolitaine.

AU CŒUR DE L'AFRIQUE

A mon neveu Victor Poncet.

HABITANTS DE GONDOKORO

AU CŒUR DE L'AFRIQUE

Au mois d'avril 1854, le proconsul de Sardaigne à Khartoum, le premier Européen qui eût, jusqu'alors, séjourné dans la capitale du Soudan, M. Alexandre Vaudey, se rendait à Gondokoro avec son neveu Ambroise Poncet, jeune homme de seize ans à peine, sur une *dahabieh*, longue embarcation pontée, qu'escortaient deux autres barques, réunissant une trentaine d'hommes d'équipage. Affligé par la mort récente d'un de ses amis tué, dans une chasse au buffle, par un de ces redoutables animaux, le consul se tenait renfermé dans sa cabine, et n'en sortait que pour donner brièvement ses ordres aux *reis* des trois barques.

La navigation n'était guère facile dans ces parages, où le Nil-Blanc se divise en une multitude de branches formant d'étroits chenaux, hantés par des troupes nombreuses d'hippopotames, et souvent barrés par des entrelacs de branches et de plantes. Mais Vaudey, qui avait hâte d'arriver, ne se laissait arrêter par aucun obstacle, et ne voulut débarquer nulle part.

A Regian, à Abou-Kouka, à Kamchir, il envoya un canot prendre des vivres frais; mais il s'opposa absolument à ce que son neveu descendît à terre avec les mariniers. Il passa devant un des comptoirs qu'il avait fondés, importante zériba, située près du lac Djack, sans y donner le coup d'œil du maître.

Ambroise Poncet trouvait assez plate et monotone l'existence du bord. Il s'intéressait peu aux étranges splendeurs du paysage; et cet attrait de l'inconnu, qui le séduisait naguère, perdait tous ses charmes : la réalité désenchantait du rêve. D'ailleurs, il commençait à s'accoutumer à ces végétations exubérantes, à ces roches bizarrement découpées, à ces vastes marais peuplés de monstres, à ce ciel éternellement bleu. Et, parfois, il avait la nostalgie de ses montagnes alspestres, de leurs torrents de fange et de leurs diadèmes de glaciers.

A peine les espiègleries de son petit groom nègre, un dinka appelé Mayom, qu'il avait sauvé des mâchoires d'un crocodile, sur les bords du fleuve, lui arrachaient-elles un sourire. Et il observait aussi, avec effroi, qu'à mesure qu'ils se rapprochaient du terme du voyage, le *wakil* de son oncle, Hamdi-ben-Ghalib, devenait plus taciturne et plus farouche : son front se rembrunissait, comme si une pensée importune l'eût obsédé.

Enfin, un beau matin, on doubla l'île Bor, et les voyageurs virent se profiler sur le ciel les huttes de Gondokoro, et, au ras du fleuve, les blanches constructions de l'arsenal et des docks égyptiens. Quelques heures plus tard, ils jetaient l'ancre à une encâblure du rivage. Toute la population se pressait sur les quais du port formé de gros troncs d'arbre reliés par des lianes entrelacées.

Les chefs barrys et leurs femmes se livraient à des transports de joie, comptant bien trouver abondance de verroteries et de bagatelles précieuses dans les vastes flancs de la *dahabieh*, et le menu peuple se réjouissait à l'espoir de glaner quelques épaves de cette bonne aubaine. Il y avait, là aussi, des trafiquants maltais ou italiens, en petit nombre, avec leur cortège de vekils, de drogmans, de cawas et d'esclaves.

Leurs barques stationnaient dans le port ; ils regardaient d'un œil jaloux celle du consul, où flottait le pavillon sarde. On venait, sans doute, leur faire concurrence ou surveiller leur mystérieux négoce. Dix coups de canon, sur l'ordre de Vaudey, saluèrent le drapeau tricolore dès qu'il fut arboré.

Il se fit alors un mouvement dans la foule. Un homme descendit du quai dans une pirogue et se fit conduire à bord de la *dahabieh*. Vaudey vint le recevoir à la coupée, et, sans prononcer une parole, l'embrassa tendrement.

— Dom Angelo! s'écria-t-il ensuite d'un air ravi. Oh! cher ami, que je suis heureux de vous revoir!

— Et moi, Vaudey, croyez-vous que je n'avais pas hâte de vous serrer dans mes bras? Eh bien! j'ai reçu vos lettres... Vos neveux?

Vaudey prit Ambroise par la main :

— Voici l'aîné, Ambroise, dit-il. Le cadet, Jules, est resté à Khartoum, et nous rejoindra plus tard. Aimez-les comme vous m'aimez...

— Mon enfant, sois le bienvenu sur cette terre lointaine, dit Angelo, avec un accent de bonté paternelle. Tu viens ici pour servir une noble cause.

Ambroise fut ému de cet accueil simple et cordial. Il devinait en dom Angelo une âme douce, vaillante et fière. C'était un homme jeune encore. Son visage, d'une beauté régulière, encadré de cheveux bouclés et d'une longue barbe, éclairé de la flamme vive de ses yeux noirs, inspirait la sympathie et le respect.

L'entretien se poursuivit sous la tente de la dunette, où dom Angelo s'était assis, entre l'oncle et le neveu, à la vue des gens de Gondokoro, qui échangeaient force propos avec les matelots de Vaudey. Ceux-ci et les serviteurs s'occupaient des détails du débarquement, ouvraient les soutes, rangeaient les bagages. Cependant le consul entendait habiter ses barques jusqu'à ce qu'il eût choisi un emplacement à son gré, pour y bâtir sa demeure.

Il autorisa les plus pressés à descendre à terre ; puis il revint auprès de son ami, et continua gaiement la causerie.

— Et vous ? lui dit-il, après avoir répondu à toutes ses questions ; et vous, que faites-vous ici ? Vos dernières nouvelles me laissaient un peu inquiet. On vous tracasse ? On entrave vos efforts ? Êtes-vous content ou malheureux ?

— Je ne me plains pas, Vaudey. J'ai quelques amis, parmi ces pauvres sauvages ; ils me nourrissent, je les instruis, je les soigne. Mais que faire ? Isolé, je ne puis rien. Tout me manque. Pénurie complète. Pas de linge, pas de provision, pas d'argent. En vérité, je commençais à me décourager.

> Mais puisque je retrouve un ami si fidèle,
> Ma fortune va prendre une face nouvelle.

Une énergique poignée de main fut la réponse de Vaudey.

— Je comprends, reprit celui-ci. Vous êtes molesté par les marchands d'esclaves. Nous y mettrons bon ordre : j'ai pleins pouvoirs. Oh ! je sais quel fonds il faut faire sur les protocoles d'Orient, acheva-t-il, répondant à un geste du missionnaire ; mais, enfin, je suis investi d'une mission, et je la remplirai !

— Ah ! cher, vous savez bien que les traitants ne se bornent pas à s'emparer des noirs qui leur tombent sous la main. Ils n'organisent pas des battues : ce serait épuiser trop vite le champ d'exploitation !... Non, ils s'établissent en amis sur un territoire, se déclarent les alliés de la commune voisine, attisent les désaccords, épousent les querelles, mettent en avant leurs crédules alliés et, après la lutte, font main basse sur les vaincus.

— C'est habile ! s'écria Ambroise, mais c'est canaille.

— Transformer ensuite les « prisonniers de guerre » en esclaves, que l'on expédie sur les grands marchés, par Khartoum et Souakim, est une opération facile, grâce à la tolérance des agents du pacha d'Égypte...

— Cependant, objecta Vaudey, la navigation est surveillée.

— Oui, mais pour mille esclaves qu'on envoie par les barques, on en expédie quinze ou vingt mille par le Darfour... Songez qu'on peut ici, avec trente aiguilles anglaises, acheter un nègre qu'on revendra cinq cents francs...

— Infamie ! murmura Vaudey.

— Les négriers dépravent nos populations plus encore qu'ils ne tuent, ne volent et ne mendient... Ils exploitent la hideuse misère qui décime les Barrys, et chaque jour je suis le témoin impuissant des plus lamentables spectacles.

— Nous y mettrons bon ordre, répéta le consul en fronçant le sourcil.

— Hélas ! dit le missionnaire.

Après un moment de silence :

— Et notre ami Niguello, demanda Vaudey. Comment n'est-il pas déjà venu me saluer ? Il... Mais qu'avez-vous, mon ami ? Vous pâlissez ! Est-il arrivé malheur à ce brave homme ?

— Le roi de Bélénia n'est plus.

— Mort !... C'est le jour aux désastreuses nouvelles !

— Vous savez que Niguello, fort intelligent, se donnait volontiers pour le plus habile des kodjours ou sorciers ?

— Il était, en effet, passé maître en supercheries, et je ne lui connaissais qu'un rival : le roi d'Olibo, Chauba.

— Depuis cinq ans, nous n'avions pas eu une goutte de pluie. Plus de récoltes. Partout les gens mouraient de faim. Ils s'en prirent à Niguello et le sommèrent d'obtenir du ciel assez d'eau pour chasser la sécheresse. Niguello demanda vingt bœufs. On les lui donna, mais la pluie ne vint pas. De sorte qu'on se détermina à employer des arguments irrésistibles, puisque les cadeaux n'y faisaient rien... Et, comme on voulait se venger des hâbleries du sorcier...

— On l'assassina ?

— On lui fendit le ventre, puis on jeta le cadavre au fleuve. Son exécuteur hérita de son sceptre royal et de sa baguette de magicien. La pluie n'en tomba pas davantage, mais l'opinion publique était satisfaite, comme disent vos bavards d'Europe !

En ce moment une pirogue se détacha du quai et cingla vers la *dahabieh*, où quelques coups de rame la firent aborder presque aussitôt. Un chef barry montait cette embarcation. C'était un homme de haute taille, bien fait, vêtu d'un vieux gilet de drap jaune à boutons d'argent, et couvert de bracelets d'ivoire, de colliers de verroterie et d'anneaux de laiton.

Deux ou trois poignards, au manche taillé dans une corne de rhinocéros, et cachés dans une gaîne en peau de crocodile, pendaient à sa ceinture. Il tenait à la main un épieu, terminé par une corne d'oryx. Sur son crâne rasé se balançaient huit ou dix plumes d'autruche, piquées dans un bourrelet de cuir, en forme de couronne ;

sur son dos ballotait un bouclier ovale de joncs tressés, peint en rouge et en bleu.

Le chef nègre, ayant demandé la permission de monter à bord, escalada le bordage, s'avança vers la dunette, posa à terre son tabouret peint en rouge, et s'assit. Il prit alors une pipe et se mit à fumer gravement.

Le consul, pour ne point affaiblir son prestige, évita de lui adresser la parole, mais il demanda à dom Angelo :

— Qui est celui-là ?

— C'est Medi, le roi du pays : un grand guerrier. C'est lui qui, pour se venger d'un trafiquant, lequel l'avait chassé à coups de cravache, mit à feu et à sang le village d'Olibo, n'apargnant qu'une maison.

— Ah ! Ah !... Et que veut Médi ?

Ici, le roi africain prit la parole, et répondit d'un ton brutal :

— Médi veut de l'eau-de-vie.

— Non ! l'eau-de-vie est un breuvage qui trouble le cerveau et qui rend fou.

— Je t'apporterai des moutons.

— J'en trouverai chez un autre.

L'homme continua de fumer en silence, et, au bout d'un instant :

— Une bouteille d'eau-de-vie, dit-il, pour dix moutons.

— Non. Je t'offre plutôt quatre bouteilles de vin...

— Un verre d'eau-de-vie.

— Non. Tu n'es qu'un ivrogne. Je n'ai rien pour toi.

— C'est ainsi qu'on traite Mata-Médi? Bonsoir !

Il se leva, aussi calme en apparence que lorsqu'il était venu, et regagna sa pirogue sans ajouter un mot de plus.

— Vous avez tort, Alexandre, dit dom Angelo. Vous vous faites un ennemi redoutable.

— Peu importe. Je ne veux pas avoir l'air de céder à une menace.

Gondokoro était, il y a peu d'années, la limite du monde connu. Cette ville — dont le nom barbare n'est familier qu'à bien peu de gens — se compose de huttes à toit conique, semblables à des ruches colossales, bâties en amphithéâtre sur une élévation de terrain qui domine le fleuve et dont la cime est ombragée de grands arbres touffus. La plaine, qui s'étend aux alentours, est couverte de bruyères et de plantes.

Gondokoro est situé sous le cinquième degré de latitude nord, par vingt-neuf degrés et quelques fractions de longitude, à trois cents lieues de Khartoum et à égale distance, ou à peu près, de Zanzibar.

Le climat est excessivement chaud et fort malsain, à cause surtout des marécages qui bordent le haut Fleuve-

Blanc et qui ne finissent qu'un peu plus bas vers le sixième degré.

A une vingtaine de kilomètres, une chaîne de montagnes, qui court au sud-est, entoure la plaine. De l'autre côté, on aperçoit les monts Lodo, Kerek, Loguek : près de celui-ci on rencontre les fameux rapides de Garbo.

Les habitations des naturels, à Gondokoro, sont des modèles de propreté. Chaque famille a son domicile ceint d'une haie de l'impénétrable euphorbe, et l'intérieur de l'enclos consiste généralement en une cour dont le sol est macadamisé avec des cendres, de la fiente de vache et du sable.

Sur cette surface, soigneusement balayée, on voit une ou plusieurs cabanes. Les habitations sont entourées de greniors construits fort proprement en osier, couverts de chaume et élevés sur des espèces d'estrades ; la toiture est en saillie, de façon à donner de l'ombre ; l'entrée est basse et étroite.

Lorsqu'un membre de la famille vient à mourir, on l'ensevelit dans la cour. La tombe est consacrée par un poteau auquel sont suspendus des crânes de bœufs, garnis de leurs cornes, tandis que son extrémité est ornée d'une touffe en plumes de coq.

Chaque homme porte avec lui ses armes, sa pipe et son tabouret. Les habitants de Gondokoro appartiennent à la tribu des Barrys.

Les grosses lèvres et le nez épaté, qui constituent le type noir, manquent ici; les traits sont réguliers, mais la chevelure est laineuse; c'est la seule trace que l'on trouve de l'origine nègre. La poitrine, les côtes et le dos sont tellement tatoués qu'on les dirait couverts d'écailles de poisson, surtout quand les hommes se frottent d'ocre rouge, ce qui est la mode suprême.

Ils ne gardent de leur chevelure qu'une petite touffe au sommet du crâne, et y plantent une ou deux plumes; les femmes ont la tête rasée. Elles portent un tablier très élégant, fait de perles ou de petits anneaux de fer, travaillés comme une cotte de mailles; et, par derrière, une queue de lanières de cuir très déliées ou de ficelle fabriquée avec le coton du pays.

Les Barrys sont regardés comme les plus redoutables de tous les riverains du Nil-Blanc. Ils s'enivrent volontiers, avec l'espèce de bière qu'ils appellent *merissa*.

Leurs chefs, en guise d'épaulettes, placent sur leurs épaules une carapace de tortue terrestre. Quand ils veulent réunir leur peuple, ils font battre de grands tambours nommés *nogaras*. La seule monnaie qu'ils connaissent est le bétail. Cependant, ils ont assez le goût de la verroterie.

Leur misère est telle que l'on voit parfois des mères mourantes, ne pouvant plus nourrir leurs enfants, les jeter dans le Nil pour leur épargner les tortures de la faim.

La campagne où Gondokoro est assise ressemble à un immense parc avec ses larges ondulations de terrain, ses plantations de sésame et de sorgho, ses magnifiques forêts, ses montagnes aux roches granitiques.

Des hameaux nombreux la parsèment, formés de huttes fort propres, entourées de cours en ciment fait avec l'argile des nids de fourmis blanches, et de greniers en clayonnage, couverts d'un chaume odorant.

Partout des kroals, fortifiés de pieux entrelacés d'épines, pour y enfermer les troupeaux dont les Barrys sont jaloux et fiers au point de répugner à vendre leur bétail.

Le lendemain du débarquement, le missionnaire et Ambroise, qui se promenaient, tandis que Vaudey s'occupait à ses barques, traversaient un de ces villages, lorsqu'ils entendirent battre le tambour. Ambroise demanda à dom Angelo ce que cela signifiait.

— Toutes les actions des Barrys sont réglées par des battements de tambours, comme chez nous les manœuvres militaires par le clairon, répondit-il. Le grand tambour, creusé dans un bois très dur, et de forme ovoïde, est la propriété du chef; on le suspend sous un hangar couvert. Dès l'aube, un peu avant le lever du soleil, a lieu le premier signal; un nombre de coups déterminé annonce qu'il est l'heure de traire les vaches; une autre batterie, qu'il est temps d'aller au pâturage. En cas de guerre, c'est le tambour du chef qui donne l'alarme, et de village en village le signal se répète : en moins d'une journée on peut ainsi concentrer sur un seul point des forces considérables.

— Ces gens-là sont belliqueux ?

— Certes, mon ami Ambroise, car chez eux tout homme est soldat. Ils dardent leurs lances à cinquante mètres et tuent un homme d'un seul coup; leurs flèches barbelées sont redoutables...

— Sont-ils bons chasseurs ?

— Oui, mais ils ont maille à partir avec les crocodiles qui infestent le fleuve. Voyez ! dit dom Angelo.

Ils côtoyaient le Nil, assez large en cet endroit. Tout près du rivage, sous les feuilles et les fleurs écarlates d'un convolvulus étalé sur l'eau, un crocodile apparaissait, avec sa cuirasse luisante et visqueuse; il bâillait affreusement et ses mâchoires dilatées laissaient apercevoir une double rangée de dents aiguës.

Ambroise Poncet ne put retenir un cri d'effroi.

— L'effroyable monstre ! dit-il.

— Chaque jour les indigènes sont la proie de ces horribles bêtes... C'est le gibier royal, avec l'éléphant et le rhinocéros.

— En Savoie, nous avons l'ours, dit Ambroise

modestement. Et la chasse au plantigrade a bien ses agréments. Il est rare cependant que le chasseur soit mangé.

Dom Angelo se mit à rire.

— Vous regrettez que cet incident dramatique soit peu fréquent ?

— Dame ! vous êtes si entiché de vos grosses bêtes !

— Nous tuons l'éléphant pour prendre ses défenses.

— Et nous, l'ours, pour avoir sa peau...

— Qu'il ne faut pas vendre avant d'avoir mis l'animal par terre.

Depuis un instant, ils rencontraient beaucoup de femmes qui cheminaient sur la route vêtues de franges épaisses en coton tressé, et portant sur la tête de grands paniers qui paraissaient assez lourds.

— Où vont-elles donc ? interrogea Ambroise, étonné de leur voir prendre à toutes la même direction.

— A Bélénia, où elles font le commerce du sel, qui est excellent à Gondokoro, tandis qu'on n'en trouve pas dans l'intérieur des terres... Cependant, poursuivit dom Angelo en fronçant le sourcil, je pense que voilà beaucoup de marchandes pour si commune denrée... Medi songerait-il à nous jouer quelque mauvais tour ?

— Pourquoi donc ?

Votre oncle a été un peu dur avec lui, Ambroise, et les Barrys sont vindicatifs.

— Craignez-vous ?...

— La présence de quelques barques européennes les tiendra sans doute en respect... Je l'espère, du moins, mais il ne faut jurer de rien !

Un homme vint à eux, enduit des pieds à la tête de poussière de brique mêlée de graisse, et portant suspendue au cou une gourde façonnée avec art.

— Adjilo, dit-il en langue barry au missionnaire, donne-moi du rhaki.

Ambroise, sans comprendre les paroles, avait compris la mimique, et, se hâtant de déboucher certain flacon clissé d'osier, dont il ne se séparait guère, il en versa le contenu dans la gourde du sauvage. Le visage de celui-ci s'épanouit :

— Tu n'es pas aussi avare que ton frère, dit-il à Ambroise, auquel dom Angelo, alarmé, traduisit ces paroles, en ajoutant :

— Comment cet homme sait-il déjà cela ?... Il est évident qu'il se prépare un complot. Où vas-tu ? demanda-t-il au Barry.

— A Olibo.

— Quoi faire ?

L'autre tira sa pipe, en bourra de tabac jaune l'énorme fourneau, et répondit enfin, d'un air mystérieux :

— Bellaal va chercher une grosse dent d'ivoire, qui pèse un quintal, pour la vendre à ton frère mille *ouedas*.

Sur quoi il partit à grandes enjambées, appuyé sur sa longue lance, peinte en rouge.

Dom Angelo secoua la tête :

— Je préviendrai Vaudey, murmura-t-il.

Ambroise n'y put tenir plus longtemps :

— Père, dit-il, il y a bien des années que vous êtes à Gondokoro ? Vous n'avez pas le mal du pays ?... Moi je m'ennuierais à mourir de n'entendre jamais parler chrétien, de ne manger que de la galette, et surtout de ne hanter que des hommes qui ressemblent à des bêtes, — et des bêtes qui ressemblent au diable !

— Ami Ambroise, l'on vit où l'on peut, et comme on peut.

Ils étaient revenus sur leurs pas, et se trouvaient maintenant sur une place plantée de tamariniers touffus, aux fruits exhalant une une odeur subtile.

Des barrys s'exerçaient au tir de l'arc à l'ombre de ces beaux arbres ; des femmes dansaient avec leurs enfants dans les cours entourées de haies fleuries. Au centre de la place croissait un gigantesque *bassia*, que les mailles serrées d'une liane de poivre cubèbe, aux grappes de fleurs d'un rouge flamboyant, enveloppaient d'un manteau de pourpre.

Medi était là, couché au pied de l'arbre, et fumait sa grosse pipe d'argile noire, sans paraître voir ces étrangers, qui approchèrent lentement.

— Eh bien ! Medi, que fais-tu ? demanda Angelo.

Medi répondit, en employant un jargon bizarre, formé de mots français, italiens et arabes, et parlant de lui, suivant la coutume, à la troisième personne :

— Medi pense à l'affront que son frère blanc lui a fait en lui refusant un peu de rhaki. Medi n'est pas un mendiant : il aurait payé très cher quelques gouttes d'eau de feu...

— Je t'en donnerai, dit Lazare, que ces menées commençaient à inquiéter. Je t'en donnerai, Medi.

— Non, Medi n'a plus soif. D'ailleurs, il a brisé sa coupe.

Le chef nègre poursuivit, après un instant de silence :

— Allez-vous rester longtemps ici ?

Bientôt nous planterons du blé, répondit dom Angelo, et nous bâtirons des cases.

— Vous feriez mieux de retourner tous à Khartoum. Alors, quand il sera mûr, votre blé, Medi et ses serviteurs le mangeront.

Ces paroles furent accompagnées d'un geste et d'un regard qui ne pouvaient laisser équivoque leur signification.

— Tu menaces, Medi ? reprit l'Italien. Tu as tort. Nous voulons cultiver une grande étendue de terrain.

— A qui donc appartient le sol ? A vous ou à moi ? s'écria Medi avec véhémence.

Angelo fut un moment embarrassé. Puis il reprit :

— La terre appartient aux premiers occupants. Nous voulons en faire la conquête pacifique, et non vous déposséder, mais vous acheter la terre dont nous avons besoin.

— Medi ne veut pas vendre.

— Notre protection couvrira ton peuple.

— Mon peuple ne veut pas être protégé.

— Tu sais que nous disposons du tonnerre?

— Je sais que vous êtes des sorciers.

Il montra, d'un geste superbe, l'arbre sous lequel il reposait et dit :

— A qui cet arbre appartient-il?

— A toi, Medi.

— Eh bien! tous les arbres sont à Medi; leurs troncs, leurs cimes et leurs racines; et la terre où les racines s'enfoncent est à Medi; et le ciel qui couvre Gondokoro est à Medi... Allez-vous-en, étrangers, nous n'avons pas besoin de vous dans notre pays.

— Ce sauvage, observa Ambroise, a un déplorable caractère!

— Medi, interrogea Angelo, veux-tu la paix ou la guerre?

Celui-ci le regarda en face :

— Toi, je t'aime, Adjilo, dit-il.

Puis, sans ajouter une parole, il se leva et s'éloigna d'un pas majestueux.

Cependant les noirs, qui avaient assisté de loin à cette scène, chantaient en chœur le refrain populaire :

Adjilo ! Adjilo !
Ti Belenian.

— Va-t-en à Bélénia !... murmura l'Italien, pensif. Décidément, c'est la guerre !

. . . .

Le lendemain, en revenant d'une excursion en terre ferme, Angelo et Ambroise Poncet trouvèrent le consul Vaudey très affairé. Ses gens avaient débarqué sur la plage des caisses de vin, des ballots de verroterie, des tonneaux. Ils construisaient une palissade en grosses branches d'heglik, entrelacées d'arbustes épineux, et couvraient d'une bâche de toile cirée une charpente élevée à la hâte.

Quelques soldats armés faisaient sentinelle autour de ce hangar, écartant les trop nombreux curieux qui s'en approchaient.

— Eh bien ! qu'avez-vous fait ? demanda le missionnaire à son ami.

— Tout est arrangé. Demain, nous choisirons l'emplacement de notre futur palais, répondit le consul.

J'ai envoyé Hamdi à Lougouglou, où se tient un important marché d'ivoire. Tous vos trafiquants y sont allés. Voyez, il ne reste ici aucune de leurs barques.

— En effet, répliqua Angelo, surpris. Toutes ont mis à la voile. En cas d'attaque nous n'aurions aucun secours.

— Eh ! qui songe à nous attaquer ? Medi, peut-être ? fit Vaudey en riant. Bast ! j'ai là un pierrier chargé à mitraille, et vingt fusils. C'est assez pour tenir en respect un millier de Barrys !...

— Tous vos hommes sont à bord ?

— Ma foi, non ! J'ai envoyé Daoud et Djemel Eddin à Bélénia pour y chercher des bois de construction.

— Mon cher Vaudey, vous vous êtes bien pressé, ce me semble, de débarquer vos bagages.

— Ah ! c'est que j'ai hâte de m'installer. Songez à tout ce que je veux faire ! Il ne s'agit pas moins que de reconnaître le cours de l'Abyad, par terre, jusqu'au delà de l'équateur, et de gagner ensuite l'océan Indien par Zanzibar. Ambroise me suivra dans les mystérieuses régions du Sud. Jules Poncet viendra nous rejoindre dans quelques mois. Cette expédition aura de brillants résultats. C'est la fortune pour les miens et, pour moi, c'est la gloire !

— Quelle jeunesse, mon cher Vaudey ! dit Angelo en l'embrassant. Votre ardeur, votre activité fébriles m'inquiètent, Prenez garde de vous presser trop : *Chi va piano va sano !*

Vaudey sourit, et ne répondit que par le vers de Corneille :

A vaincre sans péril on triomphe sans gloire.

La pirogue, montée par Hamdi et huit rameurs, glissait légèrement sur l'onde pure du Nil, déchirant l'éclatante broderie de convolvulus et de nénuphars qui diaprait l'azur de fleurs blanches et rouges et de larges feuilles veloutées.

A un détour du fleuve, tordu en méandres capricieux, sous un dais de mimosas, Medi attendait.

La pirogue vira de bord et se rangea tout près de la rive.

Hamdi était fort pâle et tremblait.

— C'est demain, dit-il à Medi qui demeurait impassible, appuyé sur son bâton et fumant sans désemparer.

— Demain, soit.

— J'arriverai dès le matin.

— Tout sera prêt.

— Tu sais qu'il faut sacrifier la vie d'une femme ou d'un enfant.

— Dix femmes et dix enfants, pourvu que Medi soit vengé.

— Tu me donneras cent quintaux d'ivoire ?

— Mille quintaux, pourvu que Medi soit vengé.

— Pourquoi ne pas le tuer toi-même ?

— Et les Européens, une heure après, brûleraient Gondokoro et massacreraient les Barrys !... Sa mort doit être une représaille et non un assassinat. Medi est un homme simple, mais son esprit est rusé.

— Tu ne me trahiras pas ?

— Face jaune ! Medi n'est pas un traître ; je te paye, tu me sers. Adieu.

La barque vola sous une impulsion vigoureuse, et les gouttelettes d'eau ruisselaient en perles chatoyantes sur les rames qui frappaient les flots en cadence.

. . . .

Le monde entier semblait être la proie d'un incendie... tout l'espace était embrasé. Au lieu d'azur limpide, le ciel se teignait des chaudes nuances de la pourpre, d'une couleur de sang à l'horizon ; ces teintes s'affaiblissaient en montant vers le zénith, passaient au nacarat clair, au rose vif, et décroissaient en rose pâle.

Des nuages aux formes fantastiques revêtaient la sombre couleur ponceau, estompés d'oranges sur les bords, et s'agrégaient en masses énormes, çà et là parsemés de flocons incarnadins, pareils à des efflorescences de satin sur un fond de velours luisant.

Aux feux de ces universels tons rouges, si variés et si purs, d'une transparence admirable, le fleuve semblait charrier des flots de rubis liquéfiés. Ses vagues rutilaient, avec des stries d'or pointant sur l'écume, et de larges traînées d'un violet riche ombraient, sur les bords, l'eau bouillonnante.

Les feuillages, aux arêtes vives, paraissaient découpés dans une lame de métal et se glaçaient de reflets cramoisis qui en moiraient splendidement le vert brillant.

Les roches prenaient l'aspect de blocs de corail, et les montagnes, au loin, avaient la délicate parure des marbres de Paros, aux veines carminées, qui se fondaient en lilas tendre dans les ombres, et s'adoucissaient en blanc jauni vers les cimes.

On eût dit que de l'or en fusion tombait du ciel, et que, par un phénomène étrange, la nature était saturée de cette merveilleuse couleur rouge.

A l'ardente lueur de ces flammes illuminant le ciel et la terre, Alexandre Vaudey, debout à l'avant de sa *dahabieh*, le front haut et les bras croisés, s'abîmait dans une extase d'admiration, ravi à la fois et terrifié par ce merveilleux spectacle.

Le soleil disparaissait lentement, enveloppé de brumes rousses ; les nuages passèrent au brun mordoré ; quelques rayons dardaient encore leurs flèches d'or sur la pourpre violacée, et la nuit vint tout à coup, avec ses ténèbres, son doux silence et la brise fraîche murmurant dans les arbres.

Vaudey, toujours pensif, appuya sa tête sur sa main et regarda les étoiles, qui s'allumaient une à une au firmament, et les nuées, que le vent balayait, éparpillait par morceaux.

Aucune clarté ne brillait sur la plage. Gondökoro dormait sous son dais de bassias, de mimosas, d'hegliks et de dattiers sauvages.

Vaudey, les yeux mi-clos, jouissait de la sérénité de cette belle nuit. Il rêvait. Son esprit évoquait les souvenirs d'antan : l'enfance joyeuse, la jeunesse studieuse, l'éveil des premières affections, l'image des amis laissés à chacune des étapes de la vie.

Oui, la patrie absente, la famille décimée et dispersée, les amis défunts, les amours oubliées, les souffrances endurées, les joies passagères, les fugitifs éclairs d'un bonheur éphémère, toutes ces choses confuses du passé, qui viennent vous assaillir parfois et vous montrer, comme en un miroir magique, les jours écoulés, avec leurs larmes et leurs sourires, qui ne reviendront jamais,
— Vaudey les revit durant cette nuit de veille, sur cette barque mollement balancée par le courant du Nil, et qui, maintenant, était sa patrie.

Vers le milieu de la nuit, un feu vif brilla sur une

roche, au bord du fleuve, au pied du mont Lardo. Presque aussitôt, d'autres feux s'allumèrent dans la campagne. Évidemment c'étaient des signaux. En moins d'une heure, le consul en compta quarante, dans les différentes directions où son regard pouvait se porter. Puis, tout à coup, ils s'éteignirent, sans que le silence eût été troublé.

Malgré lui, Vaudey ressentit une inquiétude vague. Il savait que les habitants de ces régions, belliqueux et vindicatifs, sont hostiles aux Européens.

Mais il se rassura en songeant que les barques des trafiquants et sa propre flottille constituaient des forces plus que suffisantes pour repousser une attaque ; et, comme il n'entendit pas les roulements sinistres du *tambour de la guerre*, il se railla lui-même de ses appréhensions.

Il revint donc à ses chers souvenirs et se plongea plus avant dans sa rêverie. Il fut alors envahi par une tristesse inexprimable, dans laquelle il se complut, et dont il souffrait. Puis une langueur accablante s'empara de lui, et il s'endormit, la tête reposant sur son bras replié. Il demeura ainsi jusqu'à l'aube, dans un calme sommeil, et pourtant de grosses larmes coulaient une à une, lentement, sur ses joues, comme si les rêves pénibles le poursuivaient encore.

Les premières lueurs du jour éclairèrent son visage

DOM ANGELO CONVERTISSANT LES SAUVAGES

pâli. Ce fut au chant des oiseaux qu'il s'éveilla, fatigué, morne; et la radieuse nature, toute illuminée des clartés tendres du réveil, lui apparut froide et rigide. L'impression du beau, la sensation de la joie lui échappaient.

Son neveu vint le rejoindre, et ils avaient à peine échangé quelques affectueuses paroles, que Vaudey s'avança vers la dunette et regarda la nappe d'eau limpide du Nil. Au loin se découpait en triangle, d'une blancheur éclatante, sur l'azur du ciel, la voile de la barque qui descendait le courant.

— Oh! oh! serait-ce le vékil? s'écria le consul. Il devancerait l'heure.

Ambroise prit une lunette marine, et la pointa sur l'embarcation, qu'un bon vent poussait.

— Est-ce Hamdi? s'écria Vaudey en fronçant le sourcil.

« Il aurait donc trouvé à Lougouglou, chez moi, une chaloupe à voile?... Au fait, il en existait une, et je lui ai ordonné de l'amener...

— Oncle, c'est bien le vékil.

— Pourquoi dom Angelo m'a-t-il conseillé de me défier d'Hamdi? reprit Vaudey en donnant les marques d'une certaine exaltation d'esprit...

Ambroise était fort troublé de voir son oncle dans un tel état de surexcitation. Il le regardait aller et venir, arpentant à grands pas le pont de la *dahabieh*, sans accorder la moindre attention, contre sa coutume, aux mouvements des soldats et des serviteurs qui commençaient leur besogne.

— En vérité ! je ne sais quelle terreur secrète m'assiège, dit tout à coup Vaudey, devenu très sombre. Il me semble que cette barque nous portera malheur !

Par une singulière coïncidence, et sans que le tambour des chefs barrys eût résonné, si ce n'était pour donner les signaux habituels du lever et de la traite des vaches, la plage se couvrait peu à peu d'une multitude de nègres. Ils arrivaient par groupes, armés de leurs lances et de leurs flèches ; néanmoins, rien dans leurs allures et leur maintien n'indiquait des dispositions hostiles. Silencieux, indifférents en apparence, ils s'étendaient nonchalamment au pied des tamariniers et des gommiers, sur l'herbe fraîche. Quelques-uns mangeaient. Des femmes jouaient avec des enfants. D'autres dansaient.

Vaudey reconnut là des indigènes de tous les États environnants : d'Olibo, de Lougouglou, de l'île de Bos, de Bélénia, des Barrys, des Chirs, et quelques Elouadjs qui brandissaient des casse-têtes. La présence des femmes et des enfants, qui n'accompagnent jamais les hommes dans les expéditions guerrières, l'empêcha de se tenir sur ses gardes. Il crut que tous ces gens se réunissaient pour célébrer quelque fête, ainsi qu'ils le font souvent.

En effet, ils se mirent à chanter, à rire, et la nombreuse assemblée fut bientôt en liesse. On eût dit une de ces kermesses flamandes où la grosse gaieté, bruyante et facile, s'abandonne librement à tous ses ébats.

Les chefs allaient d'un groupe à l'autre, s'entretenant avec les hommes, qui fumaient, et les femmes dansaient la farandole en poussant des éclats de rires aigus. Beaucoup s'approchaient de la rive et criaient aux gens de Vaudey de leur distribuer des verroteries.

Mais le consul avait fait enlever les passerelles et commandé que l'on cessât de débarquer la cargaison.

Il ne voulait rien laisser au hasard. Un conflit pouvait naître, une rixe s'engager ; mieux valait perdre une journée, et remettre au lendemain un travail qu'il serait toujours temps de terminer.

De son bord, il observait les mouvements houleux de la foule, dont une centaine de mètres au plus le séparaient, car la place où elle s'agitait sans cesse grossie par de nouveaux venus, s'ouvrait en amont de l'endroit où la flottille stationnait, en face du hangar construit la veille. Les ruelles de Gondokoro, en aval, regorgeaient de monde. Tous les habitants quittaient leurs huttes et se rejoignaient, famille par famille, devant les petits jardins, ceints de haies d'euphorbe.

— Ils sont là pour le moins deux mille, dit Vaudey à son neveu. Il est singulier que les trois *dahabiehs* européennes qui mouillaient ici, hier même, aient pris le large sans nous avertir. J'ai envie de faire hisser le pavillon.

— Peut-être les noirs verraient-ils dans cet acte une manifestation hostile, objecta Ambroise, timidement.

— Tu as raison, répliqua le consul d'un ton laconique.

Il revint à l'arrière, visiblement préoccupé. La barque signalée voguait à pleines voiles. C'était bien celle de Hamdi. Le vékil, enveloppé dans son burnous de laine bise, coiffé du turban blanc enroulé autour du tarbouch, semblait sommeiller sur un des bancs. Les rameurs se reposaient ; un homme tenait la barre ; deux autres, debout au pied du mât, s'appuyaient sur leur carabine.

La barque passait en ce moment devant la place où la foule des naturels, de plus en plus compacte, se pressait en poussant des cris de joie. On vit tout à coup le vékil se dresser et saluer les nègres, qui répondaient par mille contorsions. Puis il parut donner un ordre. Deux de ses Nubiens soulevèrent leurs fusils, les épaulèrent et firent feu.

Aussitôt une clameur immense monta vers le ciel. La foule oscilla, s'ébranla, recula.

Vaudey et son neveu virent avec désespoir deux enfants étendus à terre tout sanglants... L'un, atteint à la tête par une chevrotine, avait été tué raide. L'autre, blessé à la jambe, poussait des cris déchirants.

Ce fut un tumulte inexprimable. Des hurlements terribles fendirent l'air. En moins de temps qu'il n'en faut pour le raconter, les Barrys avaient bandé leurs arcs, et une nuée de flèches s'abattit sur la barque de Hamdi.

Les femmes firent pleuvoir en même temps sur les malheureux Nubiens une grêle de projectiles. Hamdi — Vaudey put l'entendre — défendit de riposter et enjoignit aux rameurs de reprendre leurs avirons. Mais déjà une centaine de noirs se jetaient dans le fleuve et poursuivaient la barque à la nage.

Au même instant, un parti de nègres se portait contre le hangar. Un serviteur, qui se trouvait en dehors de la palissade avec deux sentinelles, tomba percé de vingt lances. Les Nubiens rechargèrent leurs armes et firent feu de nouveau. Les soldats, à bord de la *dahabieh*, sans écouter leur maître, qui menaçait de mort le premier qui désobéirait, voulurent secourir leurs compagnons. La fusillade s'engagea. Déjà, les nègres bloquaient le hangar, ayant Medi à leur tête.

Vaudey bourra ses poches de cartouches, prit ses pistolets dans sa ceinture et dit :

— J'y vais !

— Moi aussi ! ajouta Ambroise Poncet, en saisissant un large coutelas.

Vaudey repoussa son neveu :

— Je te défends de bouger, lui dit-il rudement. Quoi ! tu livrerais *dahabieh*, cargaison, équipage à la merci de ces bandits !... Veille à ce que je te confie, et ne me fais pas repentir de cette confiance.

Malgré cet ordre formel, le jeune homme voulait suivre son oncle. Il fallut employer la force pour le retenir. Deux Nubiens s'emparèrent de lui et le maintinrent immobile.

Vaudey courut aux assaillants, suivi seulement de quelques hommes. Sa présence fit d'abord cesser le combat. Les noirs reculèrent devant lui.

Medi parut, les mains et la poitrine souillées du sang des victimes. Il vint droit à Vaudey et lui lança de toute sa force un de ces javelots qui servent à chasser l'éléphant ; mais il manqua le but.

Du pont de la *dahabieh* où il se débattait en rugissant contre les étreintes des Nubiens, Ambroise assistait avec la rage de l'impuissance à cet émouvant spectacle.

Tout à coup, il vit les nègres s'enfuir et former un

grand cercle, au milieu duquel Vaudey et ses hommes restèrent isolés. De tous côtés, des trombaches sifflèrent, lancées avec force sur eux. Ils se replièrent en désordre sur le fleuve, abandonnant un des leurs, affreusement blessé et mutilé par ces faux à plusieurs lames.

Le consul fit feu de ses deux pistolets. Deux Barrys tombèrent. Alors les agresseurs se précipitèrent sur lui et sur les siens.

Une épouvantable mêlée s'ensuivit.

Le Nil charriait des cadavres. Après quelques instants d'une lutte atroce, les Barrys se retirèrent. La berge était jonchée de cadavres ensanglantés.

Alexandre Vaudey avait disparu.

Au moment où cet effrayant drame touchait à son dénouement, les Nubiens qui retenaient Ambroise, malgré ses sanglots et ses prières, malgré les violents efforts qu'il faisait pour se délivrer, le lâchèrent enfin. Il n'était plus temps, hélas! de secourir l'infortuné consul. Il fallait songer au salut de l'équipage, préparer la défense; car les noirs, évidemment, ne s'étaient retirés que pour combiner une nouvelle attaque.

Il serait impossible de peindre la fureur, l'effroi, le désespoir d'Ambroise, seul au milieu d'une vingtaine de matelots et de domestiques qui se lamentaient et que la peur affolait. Durant un moment de répit, les matelots de la flottille passèrent tous à bord de la *dahabieh*, qui gagna le large, abandonnant au mouillage les autres barques, vides, et sur la rive dix ou douze Nubiens, dont les corps étaient hérissés de flèches.

Le massacre consommé, les noirs s'étaient retirés ; ils ne reparurent plus jusqu'à la tombée de la nuit. Alors, de tous côtés, on les vit revenir, aussi nombreux que le matin, vociférant leurs chants de guerre. Cette horde exaltée par le sang répandu aussi bien que par l'espoir du pillage, fut divisée par une violente discussion. Les uns voulaient s'élancer immédiatement à l'abordage ; les autres, au contraire, préféraient attendre le jour. Ceux-ci finirent par l'emporter, sur l'avis d'un vieillard, qui leur rappela que la coutume défendait de combattre la nuit.

A bord de la *dahabieh*, on délibérait. Ambroise, imposant silence à sa douleur, ne s'occupait que des moyens de sauver l'équipage. Il prenait conseil des plus anciens serviteurs de son oncle. Chacun proposait son expédient. Les uns parlaient de prendre les canots et de s'enfuir à la faveur des ténèbres, abandonnant barques, matériel et marchandises. D'autres proposaient d'aller à Lougouglou et de se mettre sous la protection des trafiquants européens.

Mais Ambroise n'avait pas perdu tout espoir de retrouver son oncle encore vivant. Tout le monde affirmait qu'il n'avait pas été blessé, mais seulement fait prisonnier. Le jeune homme fit monter, sur le pont une caisse doublée en zinc et contenant près de cent livres de poudre. Il l'ouvrit, et déclara que, ne pouvant ni fuir, ni songer à une résistance sérieuse, il était résolu à laisser les noirs prendre d'assaut la *dahabieh*, et à se faire sauter avec eux. Trop chargée déjà, l'embarcation n'aurait pu se déplacer sans risquer de s'engager sur les bas-fonds du fleuve.

Les Barrys, après avoir ajourné au lendemain la reprise des hostilités, s'étaient décidés à passer la nuit sur la berge, pour mieux surveiller les mouvements des gens de Vaudey. Ils allumèrent de grands feux et se couchèrent à l'entour, pérorant à l'envi, joyeux de l'aubaine qu'ils attendaient du pillage.

Medi et son frère Ledi devisaient paisiblement avec les chefs d'Olibo et de Bélénia, tout en dévorant un singe rôti.

Une heure après le coucher du soleil, Ambroise vit se détacher du rivage, à un jet de pierre de Gondokoro, une pirogue légère qui glissa sans bruit sur le fleuve et vint accoster la barque. Elle était montée par deux hommes, qu'à leurs amples chemises bleues la vigilante sentinelle reconnut pour Daoud et Djemel-Eddin, les deux Arabes partis la veille pour Bélénia.

— Pourquoi êtes-vous revenus? leur demanda Ambroise, surpris de ce retour inopiné, et plus surpris encore qu'ils eussent bravé le danger de traverser la horde ennemie pour rejoindre leur maitre, alors qu'ils eussent pu rester en sûreté chez dom Angelo.

— Pourquoi, maître ? répondit Daoud, parce que, sans rien soupçonner des événements qui viennent de se passer et qu'un Barry nous a fait connaître, il y a moins d'une heure, Djemel-Eddin et moi, nous avions de tristes pressentiments.

— C'est étrange ! fit le jeune homme avec méfiance.

— Oui, J'ai ressenti comme une grande angoisse... J'ai eu peur ! Alors j'ai dit à Djemel-Eddin : « Retournons à Gondokoro : il doit arriver malheur à notre maître. » Et nous avons quitté Bélénia tout de suite...

— On vous a laissé passer ?

— Medi voulait se venger du maître, mais il veut épargner vous et vos gens. Ses sujets, entraînés par le premier crime, à cette heure, veulent piller les barques et vous massacrer.

Le jeune homme plongea la main dans la caisse ouverte près de lui et la ramena pleine de poudre.

— Vois ! dit-il d'une voix farouche à Daoud, qui recula d'effroi. Si les barques ne sont pas défendues jusqu'au dernier moment, je fais tout sauter... assaillants et équipages !... Tout ! Dis-le à tes compagnons. Mon oncle absent ou mort, je suis ici le chef, et j'entends être obéi.

— Vous serez obéi, maître, dirent Daoud et Djemel-Eddin, subjugués par l'impérieuse énergie de cet enfant qui devenait tout à coup un homme.

— Il reste encore sur la plage du grain, du vin, des peaux, de l'ivoire, des ballots de verroteries, ajouta le premier. Laissez-vous, maître, cette proie à ces bandits ?

— Peut-être pourrait-on entrer en pourparlers... murmura timidement Djemel-Eddin, qui n'osa achever sa phrase.

— Nous, parlementer avec des assassins ? Jamais ! s'écria Ambroise... C'est Hamdi qui est responsable de ce qui arrive, reprit-il... C'est lui qui, maladresse ou calcul, nous a jetés dans ce guêpier.

— Maladresse ? répéta Daoud d'un air de doute. Il est parti, l'autre jour, avec le roi Medi : je les ai surveillés. Ils s'entretenaient avec une singulière animation...

— Medi ! s'écria Ambroise, frappé d'un trait de lumière... Tu as raison, Daoud !... Il y a eu complot. Ce n'est pas un accident fortuit, c'est un guet-apens ; on nous a traîtreusement attirés dans un piège... mais, s'il en est réellement ainsi, poursuivit le neveu de Vaudey, d'une voix vibrante de colère, les victimes seront vengées. Il nous faut Hamdi, mort ou vif. Va, Daoud.

L'Arabe prit avec lui quelques soldats, fit mettre un

canot à l'eau et s'y embarqua avec eux. Peu d'instants après, il abordait au rivage, et, sans délibérer, allait droit aux chefs barrys, qui parurent ne s'apercevoir de leur présence que lorsqu'ils furent face à face.

Dès les premiers mots que Daoud prononça, une troupe de noirs prit les armes, et les chefs poussèrent le cri de guerre. Les soldats, effrayés, tirèrent deux coups de fusil qui tuèrent ou blessèrent plusieurs indigènes, et se replièrent en toute hâte sur le canot, qui fut aussitôt criblé de flèches.

Le canot s'éloigna à force de rames, tandis que la horde entière, saisie d'une rage soudaine, se ruait avec des hurlements frénétiques sur les caisses abandonnées, les colis, les agrès qui gisaient à terre. Lorsqu'il ne resta plus rien à voler, ils brisèrent les tonneaux à coups de hache, incendièrent le hangar. L'eau-de-vie et le vin coulaient à flots. La plupart des chefs étaient ivres et la meute entière était repue.

Le jour naissait à peine, que l'on vit arriver dom Angelo à cheval, escorté d'une centaine de nègres armés de lances.

Le visage de l'Italien exprimait la plus vive douleur ; il s'approcha à portée de la voix, et, comme un profond silence, à sa vue, s'était fait subitement, il put se faire entendre d'Ambroise et de ses gens :

— Vaudey vit-il encore ? interrogea-t-il d'une voix altérée.

Ambroise, éclatant en sanglots, ne put répondre.

Dom Angelo, devenu très pâle, baissa la tête. Puis il se dressa sur ses étriers, et, s'adressant aux chefs barbares pressés autour de lui, il leur parla ainsi, avec un accent indigné :

— Vous êtes des meurtriers ! De quoi cet homme était-il coupable ? Ledi, Alloron, Dezaïrli, vous avez commis un crime abominable... Vous avez servi, comme des esclaves, la haine vile des Turcs... Medi vous a trompés ! Ce malheureux, tué par vous, était votre ami, votre protecteur, votre père... Vous êtes des lâches... Vous êtes livrés aux mauvais esprits. Je ne vous aime plus, et je vous méprise !

Les chefs l'écoutaient, interdits, et courbaient la tête. Dom Angelo comprit qu'il n'avait rien perdu de son influence, et qu'il obtiendrait désormais ce qu'il voudrait. Il fit un geste impératif :

— Allez-vous-en, ordonna-t-il, regagnez vos villages ; rentrez dans vos demeures, suspendez vos armes aux arbres de vos jardins, sinon j'appellerai à mon aide les esprits qui m'obéissent, et la terre tremblera, et le feu jaillira des rochers pour vous dévorer.

Ces menaces absurdes eurent un effet immédiat. Les chefs tendirent les bras à l'Italien pour implorer sa miséricorde, puis, sur un nouveau signe de lui, se retirèrent, chacun suivi de sa troupe. En moins de cinq minutes, la place fut évacuée.

Dom Angelo prit alors une pirogue et se dirigea sur la *dahabieh*.

Ambroise fondit en larmes en l'embrassant... Quand il fut un peu calmé, il fit un rapide récit des événements de la veille, lui décrivit le combat, le massacre, la terrible nuit qu'ils venaient de passer.

Daoud l'écoutait avec attention. Tout à coup il se répandit en imprécations contre les meurtriers de Vaudey, et jura sur le santon de Khartoum, Rodja-Ali, de planter son couteau dans le ventre de Medi, si jamais il le revoyait...

Il reprocha vivement, avec la faconde arabe, aux serviteurs, aux soldats, d'avoir laissé massacrer leur chef sous leurs yeux, et, quoi qu'on lui dît pour l'apaiser, sa colère ne fit que s'exaspérer davantage. Enfin, il ordonna de mettre le pavillon en berne.

— Il n'y a plus à en douter, s'écria dom Angelo, pénétré de tristesse, Alexandre Vaudey n'est plus vivant. Il est mort. Il a péri martyr de son ardente soif de savoir, de son courage et de son dévouement. Cet homme, qui voulait conquérir des royaumes à la civilisation, n'aura même pas une fosse, car sa dépouille mortelle ne sera pas retrouvée.

Le reis, pour se conformer aux ordres de dom Angelo, ramenait la *dahabieh* au mouillage, à côté des autres barques abandonnées. Comme elle en approchait, un nègre géant surgit derrière un tas d'épaves.

C'était Medi, barbouillé de rouge, ensanglanté, hideux à voir.

Il poussa un éclat de rire strident.

— Medi vengé! cria-t-il, Medi vengé!

Dom Angelo l'interpella :

— Qu'as-tu fait, coquin?

Le noir étendit sa large main, en écartant les doigts :

— Ces doigts ont étranglé mon ennemi, répondit-il froidement. Insulte pour insulte!

— Tu es un monstre!

— Qu'est-ce que cela te fait, Adjilo, que Medi ait tué Vaudey? Tu le sais bien, les Barrys t'aiment et te respectent, mais ils chassent l'étranger qui vient...

— Tais-toi! j'exige que tu me livres ce cadavre, Medi. Je veux l'honorer par des funérailles où tu assisteras, humble et repentant!

— Moi, jamais! Cette chair a servi de pâture aux bêtes de la forêt. Nous l'avons dépecée, nous en avons suspendu les lambeaux aux buissons... Il n'en reste même pas les ossements!

— Alors je te déclare la guerre, moi aussi, et ton crime sera châtié...

— Peu m'importe ! dit fièrement le chef.

Il détacha de sa ceinture un objet informe, enveloppé d'une peau de gorille, et le lança sur le pont de la *dahabieh*.

— Tiens ! garde ceci, Adjilo, poursuivit-il, de sa voix âpre : les lions n'en ont pas voulu !

Et, d'un bond, il se mit hors de portée.

Ambroise braquait sur lui un pistolet et allait presser la détente, lorsque dom Angelo l'arrêta vivement en lui faisant observer qu'un seul coup de feu rappellerait toute la horde sur le champ du carnage.

La peau de gorille renfermait une main fraîchement coupée ; à l'annulaire brillait une bague, un camée antique monté sur un cercle d'or.

La mort d'Alexandre Vaudey mettait fin à tous les projets d'expédition au centre de l'Afrique, conçus et préparés par le hardi explorateur. Ce n'était pas un enfant de seize ans, sans appui, qui pouvait, malgré l'énergie de son caractère, sa vaillance et ses légitimes ambitions, continuer une tâche aussi ardue.

Aller plus avant eût été vraiment téméraire. Il y avait déjà quelque péril à revenir en arrière, à s'exposer aux hasards de la navigation sur le Fleuve-Blanc, de Gondokoro à Khartoum.

Recueillir la succession de Vaudey, tirer parti des résultats déjà acquis, défendre la mémoire et soutenir la gloire de ce courageux honnête homme, c'était pour ses neveux, encore adolescents, une mission difficile. Il ne fallait point songer à faire plus. Dès le premier jour, Ambroise le comprit. Il se rendit aux conseils de dom Angelo et fit trêve à sa douleur, afin de prendre rapidement les mesures que commandaient les circonstances.

Il vendit aux trafiquants européens toutes les barques, avec leur chargement d'ivoire, à l'exception de la *dahabieh*. Il licencia les équipages et ne garda que douze matelots et deux ou trois domestiques, avec Daoud pour reis et Djemel-Eddin pour vékil.

Le corps de Vaudey ne fut point retrouvé et le massacre de Gondokoro ne fut jamais vengé. On mit le meurtre du consul sur le compte d'une échauffourée : on rendit le consul de Sardaigne responsable de ce qu'on affectait d'appeler « l'imprudence de ses serviteurs ».

L'ARBRE DE MATARIEH

A Ciovann Biagini.

UNE RUE AU CAIRE

L'ARBRE DE MATARIEH

Quand il vous plaira de faire connaissance avec l'existence orientale, sans trop vous éloigner de la civilisation européenne, allez passer quelques jours au Caire, l'une des villes les plus curieuses qui soient au monde.

On y vit au grand jour, dans la rue, sur la place. Aussi quel mouvement, quel tumulte, quelle indescriptible cohue ! Et comme c'est beau ! Les rues sont bordées de hautes maisons, aux portes en ogive ; des moucharabiehs ouvrées à jour comme des bijoux en filigrane masquent les fenêtres ; à chaque pas on rencontre des mosquées, aux murailles rayées de bandes multicolores, et dominées par de sveltes minarets, ornés de balcons ajourés, qui dardent dans le ciel leurs cimes aiguës.

Puis ce sont des fontaines ornées de grilles dorées

et d'inscriptions peintes en bleu sur un fond blanc ; elles offrent aux passants leurs eaux pures et limpides.

Çà et là des écoles, d'où s'échappe un gentil gazouillement de voix enfantines, concert charmant où la voix du pédagogue met une note grave.

Les rues sont couvertes d'une voûte de feuilles de palmiers, étalées sur un treillis de bois peint en vert. Les couleurs les plus vives se mêlent et se heurtent ; les étoffes de soie, les broderies d'or et d'argent, les armes précieuses, les vases de métal ciselé brillent sous les rayons de soleil qui les caressent ; tout à côté, sous une voûte obscure passent des femmes enveloppées de mantes noires, et des enfants dont la longue chemise ressemble au suaire des fantômes.

Ici ruisselle une lumière ardente, là règne une ombre épaisse, plus loin, un admirable demi-jour fait valoir des teintes plus douces et repose la vue soit des ténèbres, soit des éblouissements du soleil. C'est l'Orient dans toute sa splendeur.

Au quartier des bazars indigènes, tout ainsi que dans les cités du moyen âge, chaque métier est parqué dans une rue qui lui appartient. Là se vendent les armes, les étoffes de soie, les tapis, les joyaux ; là sont entassées des richesses immenses. Les Orientaux sont des ornemanistes incomparables ; le Coran interdisant la reproduction de la figure humaine, l'art musulman s'est reporté tout entier dans l'ornementation : les broderies sont des merveilles de bon goût : zarfs (tasses à café), plateaux, narguilehs, se couvrent d'émaux aux couleurs vives, formant sur le cuivre, l'argent ou l'or, des rosaces et des arabesques d'une grande beauté.

Mais ce qu'il faut voir, c'est la foule immense et bariolée qui circule dans ces rues étroites et sur ces places plantées de sycomores. Les pauvres hères arabes portent sur le *libas*, espèce de caleçon, une grande blouse de coton bleue ou blanche nommée *iri*. Leur tête rasée est protégée par le *libdah*, bonnet brun en feutre grossier. Les Arabes du désert ont, sous le *burnous*, la *gellabieh*, capote en laine rayée de brun, de blanc et de rouge.

Les Égyptiens riches portent un pantalon ou *cherouâl* en cachemire bleu ou noir, serré à la taille par un cordon nommé *dikkah* ; leur gilet ou *sidereh* est orné de boutons ciselés ; ils portent par-dessus ce gilet un *antéri*, espèce de jaquette à manches ouvertes, passementée de galons de soie ; cet élégant costume est complété par le *tarbouch*, bonnet de feutre rouge, la *couffieh*, voile en soie rayé et tissé d'or, et par un châle, le *hhézam* qui sert de ceinture.

Presque tous les Arabes portent suspendu au cou un *hégab* ou amulette.

Les femmes ne sortent qu'enveloppées du *hhabara*,

ou mantille en soie noire. Les pauvres se contentent d'un manteau en coton nommé *milayeh*. Le visage est couvert d'un voile qui ne laisse apercevoir que les yeux.

Mais il y a, dans cette foule, une telle diversité de costumes, qu'il serait présomptueux d'en essayer la description. Arméniens, Persans, Indous, Maronites et Druses, Turcs, Syriens, Grecs, Bedouins du Sinaï, Tripolitains et Tunisiens se coudoient sans même se regarder. Tout ce monde s'agite, parle et gesticule sans accorder la moindre attention au voisin. Les marchands vous arrêtent au passage. Là, c'est un *hhalback* qui vous offre des broderies ; ici, un *aggad* qui prétend vous vendre les cordons de soie qu'il fabrique ; plus loin, un *faouâl* débite des fèves cuites ; un *sagâ*, chargé d'outres pleines d'eau, fend péniblement la foule ; un *fatatri* crie à gorge déployée le nom de ses différents gâteaux.

Devant toutes ces boutiques, une multitude de *oualled* — traduisez familièrement « polissons » — en robe bleue ou grise, armés de cirage et de brosses, hurlent à pleins poumons:

Imsah morakib.

Ce qui revient au cri parisien :

« Cirer, m'sieu ? »

Des musiciens en haillons pittoresques jouent de la guitare à sept cordes, du violoncelle à deux cordes appelé *hèmènghek*, ou du tambour (*tarabouka*).

Des jongleurs tirent à l'épée, sous les yeux de Bédouins embossés dans leurs capes rayées, tandis qu'un écrivain public, vêtu d'un *quoûftan* brun sur un large pantalon rayé bleu ou blanc, écrit, sur ses genoux, une lettre que lui dicte un bey, tout de vert habillé.

Musiciens, bouffons, bey, scribe et spectateurs forment un curieux tableau de genre digne du pinceau de Decamps ou de Ziem. Mais cette exquisse que je viens de tenter, en invoquant le souvenir de mon séjour au Caire, n'est qu'un préambule, car il n'entre pas dans mes desseins de conduire à ma suite un lecteur bénévole dans les moindres recoins de l'Égypte, ce pays doublement curieux et par son histoire aux temps antiques, et par sa physionomie contemporaine.

Je veux seulement détacher de mon calepin quelques pages, où naguère je décrivis une excursion à l'arbre de Matarieh, petit coin de terre que le *Kheddéoui*, par les Français nommé tout bonnement khédive, donna en toute propriété à l'impératrice Eugénie au moment, je crois, de l'inauguration du canal de Suez.

Mais qu'on me permette d'abord de visiter un lieu qui a plus d'un rapport avec l'oasis légendaire.

Dans l'une des petites ruelles du Caire, auprès de l'église Saint-Georges, se trouve l'église cophte, bâtie vers l'an 1170 et dans laquelle on remarque surtout un iconostase en bois sculpté et incrusté de nacre et d'ivoire. Au-dessus de ce sanctuaire est située une grotte qui fut, selon la tradition cophte, habitée quelque temps par Jésus, la sainte Vierge et saint Joseph.

Un escalier obscur conduit à ce souterrain qui est divisé en trois nefs par une double rangée de petites colonnes. Dans la partie du milieu, une niche est creusée dans la muraille ; on y conserve précieusement une pierre qui servait de siège à la sainte Vierge. Tout auprès on voit une autre pierre, évidée en forme de bassin, et où, dit-on, elle lavait les langes de l'Enfant Jésus.

Quel cœur vraiment chrétien ne serait ému d'une sainte joie à la vue de pareils souvenirs !

Le jardin de Matarieh est sur la route d'Héliopolis, où jadis on adorait le soleil et qu'on appelle encore aujourd'hui de ce nom poétique : Eïn-el-Schams, c'est-à-dire « les yeux du soleil ». Il ne reste à Héliopolis qu'un obélisque de vingt mètres de haut, dont la pointe est en cuivre, debout au milieu de débris informes.

Une route magnifique, ombragée par une double rangée d'arbres, conduit du Caire à Matarieh. Le trajet en voiture est d'une heure. Chemin faisant on aperçoit au loin cette admirable collection de Mosquées que l'on nomme les tombeaux des Kalifes. Ces nombreux temples composent un ensemble grandiose : on ne peut se figurer quelle grâce, quelle hardiesse ont leurs minarets et

UNE MOSQUÉE A MATARIEH

leurs coupoles ; c'est le plus pur style arabe dans toute sa beauté ; les murs sont absolument couverts de sculptures délicates.

Rien n'est plus beau que la mosquée du sultan Barouk, où ce prince est enseveli avec ses fils, Faaq et Abdel-Aziz. Dans la mosquée El-Achraf, le pavé et les parois sont en superbe mosaïque de nacre, d'ivoire, d'albâtre et d'autres matières précieuses. On voit dans la mosquée Khaïd-Bey une pierre qui porte l'empreinte d'un pied et une autre pierre qui porte celle de deux autres pieds ; le cheik qui les montre prétend que ces traces sont celles de Mahomet.

Plus loin, je vois se dessiner dans la plaine les vastes constructions du palais d'Abbas-Pacha, ce Néron de l'Égypte, qui fut assassiné dans la première moitié de ce siècle et dont le nom est voué à l'exécration. On a fait de cette résidence quelque chose comme une école militaire, mais on n'a pu effacer les souillures de ce lieu infâme, où l'orgie déchaînait ses crimes et ses hontes.

Voici maintenant la demeure coquette de Tevfik-Pacha, fils d'Ismaïl, El-Cawadja (le marchand) : surnom fort mérité. Il n'y a rien là qui nous intéresse, poursuivons notre excursion. Matarieh est un charmant village habité par des *fellahs*. C'est là que, à l'entrée d'un jardin tout embaumé par des citronniers, s'élève l'arbre de la Vierge. C'est un sycomore énorme dont six hommes pourraient à peine enlacer le tronc ; une partie de l'arbre est desséchée, le reste est d'un beau vert. Il produit chaque année une abondante moisson de fruits qui ressemblent à une figue rouge, d'un goût très fade.

Des milliers de noms sont gravés sur l'écorce du sycomore sacré ; je n'eus garde de manquer à y mettre le mien.

Auprès de là est une citerne qui reçoit l'eau d'un puits voisin. Le brave seigneur d'Anglure, célèbre au temps des Croisades, et à qui Salah-Eddin rendit la liberté, par admiration pour ses vertus, à la condition qu'il porterait son nom, raconte avec la belle naïveté d'un chrétien des vieux âges, l'origine de cette fontaine :

« Quand Notre-Dame, mère de Dieu, eut passé les déserts, dit-il, et qu'elle vint en ce lieu-là, elle mit Notre-Seigneur à terre, et s'en alla cherchant de l'eau par la campagne, mais n'en put trouver. Elle s'en revenait donc bien dolente à son cher enfant qui, gisant étendu sur le sable, avait frappé la terre de son petit talon, et il en sortit une fontaine d'eau excellente. Notre-Dame bien joyeuse remercia Notre-Seigneur, lava dans cette eau les drapelets de son cher enfant, les étendit sur la terre pour les sécher, et de l'eau qui en dégoutta naquirent de petits arbrisseaux qui portent le baume. »

La tradition, que respectent les musulmans eux-mêmes qui honorent Jésus et Marie, veut, qu'en effet, la sainte Famille ait cherché un abri sous le sycomore de Matarieh.

Comme je m'estimais heureux de voir de mes yeux l'arbre de la bonne Mère ! Avec quelle religieuse ferveur je me suis agenouillé sur la même terre foulée par la Mère de Dieu ! Après avoir longtemps prié à l'ombre de cet arbre qui ombragea le Sauveur du monde, j'allai m'étendre sous les orangers en fleurs. Les plus suaves parfums imprégnaient l'atmosphère ; l'instant que je passai là fut délicieux ; mon imagination prenait ses ébats, dans le mystérieux silence de cette solitude.

Je me rappelais ces ravissantes légendes de la fuite en Égypte.

On sait que Marie et Joseph, avertis par un ange, prirent la fuite, peu de temps avant le massacre des Innocents. Les Évangélistes n'ont rien laissé touchant les circonstances de ce voyage. Dans sa terreur, la sainte Famille dut quitter la Palestine, en suivant les chemins les plus déserts et les plus rudes.

On raconte que la sainte Famille, après une marche pénible, traversait un dangereux passage de la Syrie, lorsqu'elle tomba dans un campement d'Arabes nomades dont le chef, au lieu de nuire à ce vieillard, à cette femme et à cet enfant, leur donna l'hospitalité dans son repaire. Ce chef ne serait autre que le bon larron qui fut plus tard crucifié aux côtés de Notre-Seigneur.

Une autre légende assure que, dans le désert, la sainte Vierge souffrant d'une soif ardente, vit un palmier à l'ombre duquel elle voulut se reposer un instant ; elle manifesta alors le désir de se désaltérer avec le fruit de cet arbre.

Jésus sourit et dit au palmier :

« Palmier du désert, abaisse tes rameaux, et de tes fruits rafraîchis la bouche de ma Mère. »

Aussitôt le palmier inclina sa tête jusqu'aux pieds de Marie, qui cueillit les fruits. Puis, Jésus ordonna à l'arbre de se relever, et déclara que, désormais, la palme serait la couronne de ceux qui auraient triomphé dans les combats de Dieu.

Un autre jour, dans une plaine toute nue, les émissaires d'Hérode poursuivaient la sainte Famille. Joseph prit une poignée de blé et le sema. Aussitôt le blé germa et grandit à une telle hauteur que Jésus et Marie purent s'y cacher. Les soldats du tétrarque de Galilée vinrent à Joseph qu'il prirent pour un laboureur, et lui demandèrent s'il n'avait point rencontré un vieillard, une femme et un enfant.

— Oui, répondit-il, au moment où je semais ce blé.

Les gens d'armes, voyant le blé bon à cueillir, furent déroutés.

La sainte Famille mit trente jours pour arriver à Héliopolis, et partout, sur son passage, les idoles des temples voisins tombaient et se brisaient.

Telles étaient les gracieuses légendes qui me revenaient à l'esprit pendant que je goûtais, sous les beaux orangers de Matarieh, les charmes de la sieste. Je conserverai longtemps le souvenir de cette excursion pleine de tant d'attraits pour un homme de foi et de cœur.

C'est précisément pendant la période du *Khalig* que je fis cette promenade à Matarieh et le même jour, en revenant au Caire, j'assistai à la fête de la *Coupe du Nil*, fort curieuse cérémonie dont je dirai quelques mots pour clore ces notes rapides.

Ce fut Amrou qui fit cesser la coutume barbare de jeter une jeune fille dans le Nil lors de la coupe annuelle de ce fleuve. Le peuple murmura. Amrou, craignant une révolte, fit consulter Oman, prince des fidèles, qui l'approuva d'avoir aboli un usage criminel et qui lui envoya une invocation à Dieu écrite sur un morceau de papier, lui ordonnant de la jeter dans le Nil.

Le hasard fit que le fleuve, cette année, monta de

seize coudées, crue qui eut pour effet une fertilité extraordinaire, car tout le monde connaît les propriétés du limon du Nil, et l'influence de ses inondations périodiques sur la fertilité du sol égyptien. A partir de cette année, au lieu de précipiter une jeune fille dans les flots, on y porte un mannequin d'argile. Chaque année donc, entre le 5 et le 25 août, de grandes fêtes ont lieu pour célébrer l'inondation.

Une quantité de barques sillonnent le Nil en tous sens; les *dahabiehs* sont illuminées et pavoisées; des musiciens, des danseurs, des almées font retentir l'air de leurs joyeux accents; les bords du fleuve, ainsi que ceux du Khalig — immense réservoir où l'on emmagasine, au moment de la crue, une grande quantité d'eau — sont couverts d'une foule tumultueuse.

Les feux d'artifice se succèdent sans interruption pendant toute la nuit. Au matin, l'artillerie annonce par des salves répétées l'arrivée du vice-roi ou de son représentant.

Des tentes sont dressées pour recevoir les hauts personnages. A un signal donné, le barrage est coupé, et une espèce de statuette d'argile est jetée dans le Nil. Au même instant, l'eau fait irruption dans le Khalig, écumant en tourbillons, et des cris d'allégresse retentissent de toutes parts.

LE PRINCE CAPUCIN

Au R. P. Timothée d'Yenne.

ADEN.

LE PRINCE CAPUCIN

S'il est, en ce bas monde, un lieu qu'on puisse comparer au paradis terrestre, c'est bien le paysage ravissant qui s'étend de Rimini à Covignano, et où est situé le couvent *delle Grazie*. En disant *est*, je me trompe ; je devrais dire *était*, car les religieux sont partis pour un pays plus clément, et leurs biens ont été incamarés, verbe mis à la mode par la grammaire de ce siècle-ci, et sur les subtilités duquel il ne serait pas bon que je m'étendisse.

Le monastère s'élevait sur le penchant d'une colline, en plein soleil, au milieu des bouquets d'arbres qui lui faisaient une verdoyante ceinture. Des sentiers se croisaient sur l'herbe fraîche, bordés de haies fleuries. C'était une vaste maison, blanche, avec un toit de tuiles rougies, brunies par le vent de la mer; aucun ornement n'en décorait les façades, et la chapelle même était modeste, d'une architecture simple, privée de vitraux, de toiles de maîtres, de dorures : on eût pu nommer cette demeure le palais de la pauvreté.

Mais de l'esplanade qui s'étendait sous les murs du jardin, les regards jouissaient d'un spectacle merveilleux, en vérité. A droite, c'étaient Covignano et ses *casini*, et ses *villas* serties dans le feuillage et les fleurs : des bois d'une fraîcheur incomparable, de jolies chaumières au centre de vertes pelouses, des jardins superbes ; puis la masse énorme du Castellaccio, le vieux château féodal aux épaisses murailles d'un rouge sombre, diaprées de lierre et de lichens, avec ses créneaux se découpant sur l'azur, et la flèche svelte de son oratoire. A gauche, bien loin, la belle cité de Rimini, paresseusement couchée au bord de la mer, avec ses palais sombres et vastes, son antique forteresse et son *Tempio Malatestiano*, et sa place semi-circulaire où se dresse le *rostre* d'où César harangua ses troupes, après avoir passé le Rubicon.

En face et succédant aux pentes de la colline, une plaine immense, océan de verdure, hérissée de longues rangées de hauts peupliers aux feuilles luisantes, au bout de laquelle, étincelante, d'un bleu pur de saphyr, l'Adriatique se confond, à l'horizon, avec le ciel.

Un jour donc, il y a vingt ans, on célébrait une fête

au monastère *delle Grazie*. Les cloches sonnaient à toute volée, envoyant à travers l'espace leur mélodie sonore et vibrante ; une foule de paysans et de paysannes, aux costumes pittoresques, couvraient les chemins, et des carosses, vastes, lourds, dorés, pompeux, traînés par des chevaux enharnachés, encombraient la route de Rimini, du faubourg au *Crocefisso*. Dans ces carosses, des vieillards en habits de cour se prélassaient aux côtés de vieilles marquises empanachées, de comtesses en atours de gala, d'altières patriciennes et de jeunes cavaliers à l'œil langoureux. C'était l'élite, la fleur, la crème de la noblesse romagnole qui jetait des œillades dédaigneuses sur les bourgeois riches entassés dans des voitures de louage, et les *popolani* cheminant à pied dans la poussière.

Et tout ce beau monde se rendait au monastère, pour assister à une cérémonie qui intéressait les plus opulents comme les plus misérables, les plus humbles comme les plus orgueilleux.

Don Fausto Malipieri, prince de Sant'Archangelo, deux fois duc, dix fois comte, grand d'Espagne, possesseur d'une fortune évaluée à plusieurs millions, aussi riche d'esprit, de science et de vertu que d'écus, à l'aurore de sa vingt-cinquième année, beau comme le dieu Mars, et plus vaillant, — en un mot, le gentilhomme le plus accompli, le plus savant, le mieux tourné qui fût dans toutes les Romagnes, — renonçait, ce jour-là, à ses titres, à ses dignités, à ses grandeurs, à ses trésors, à sa jeunesse, à sa beauté, pour se faire capucin.

L'on se racontait pourtant, l'un à l'autre, que le grand duc de Warmie, son grand-père lui avait offert une ambassade ; que le duc de Modène, son cousin, en voulait faire son premier ministre ; que l'empereur d'Autriche lui donnait à choisir un de ses régiments ; qu'enfin le cardinal Memmi, son oncle, protégeant sa vocation pour la vie religieuse, ambitionnait de lui léguer sa pourpre.

Et tout cela était vrai, sauf ce qui concernait le cardinal Memmi, qui ne croyait point à la vocation de son neveu.

L'église ne put contenir la foule des fidèles, venue là pour voir ce jeune prince, à qui de si brillantes destinées étaient réservées, qui avait refusé d'épouser une princesse royale, et qui s'ensevelissait dans la bure grossière et rude des enfants de Saint-François, se condamnant à manger toute sa vie le pain de l'aumône.

On avait su qu'il faisait son noviciat, mais les marquis et les comtes, dont Rimini pullule, souriaient en se disant, de salon en salon, que don Fausto ne se résignerait jamais à vivre en mendiant, dans une cellule meublée de sapin, et prenant sa pitance avec une cuiller de bois, buvant dans une écuelle de terre, lui qui

possédait un palais peint à fresques par un élève de
Raphaël, encombré de bronzes, de marbres, de meubles
splendides, et aussi une orfèvrerie précieuse, des porcelaines royales, une cave dont ses trois sommeliers
n'avaient pu, en trois ans, achever l'inventaire.

Il en fut ainsi, pourtant. Et lorsque la multitude se
précipita hors de la mesquine chapelle et remonta dans
ses carosses, dans ses fiacres, don Fausto, duc, prince
et millionnaire n'existait plus, et les Capucins comptaient
un nouveau profès, le père Martin de Rimini.

On se répandit en conjectures, sur tout le littoral de
l'Adriatique, d'Ancône à Chiogga, et d'une mer à l'autre,
sur le motif d'une si étrange résolution. Chacun exprima
son avis : dégoût do la vie, passion contrariée, captation, folie, et nul ne devina la vérité, parce qu'elle
était fort simple.

Don Fausto, élevé par une mère chrétienne, puis
orphelin à l'aube de sa jeunesse, avait observé le monde
de très près, un peu sévèrement peut-être et avec trop
d'austérité ; et ayant vu combien notre société, avec ses
raffinements de civilisation, pouvait faire de mal à une
âme naïve, généreuse, douce et loyale, comme la sienne ;
ayant appris qu'un ami véritable est un oiseau plus rare
que le phénix ; que le mensonge, l'hypocrisie, les
fausses apparences gouvernent les hommes ; que se confier est d'un sot ; aimer, d'un enfant ; croire, d'un niais,

selon le jugement des philosophes du siècle, il se résolut à chercher la paix, le calme, le travail où ils sont : dans le cloître.

Et comme il avait de l'énergie, du courage, un grand amour de ses semblables, l'esprit de sacrifice poussé jusqu'à l'héroïsme, il se fit novice. Et comme il voulait être aussi pauvre, aussi humble, aussi dédaigné qu'il avait été riche, puissant et flatté, il prit l'habit de Saint-François.

La première fois qu'il signa *capucin indigne*, il se sentit plus glorieux que le jour où le roi d'Espagne lui avait passé au cou le collier de la Toison d'Or.

Le père Martin fut dès lors le modèle de ses frères et l'admiration du voisinage. Il soignait les malades, assistait les mourants, prêchait aux paysans, faisait l'école aux petits enfants et consacrait les rares loisirs que lui laissaient la prière et l'accomplissement de ses devoirs à un grand ouvrage, qui embrassait toutes les branches des connaissances humaines, l'histoire du culte rendu à Dieu depuis la création.

De tous ses biens, il n'avait conservé que sa bibliothèque, enrichie par dix générations de savants et de bibliophiles jouissant d'un revenu d'un demi-million d'écus. D'ailleurs, il n'en était que l'usufruitier ; elle appartenait au couvent, et il va sans dire qu'elle fut, depuis lors, *incamérée* tout ainsi que le reste.

La Romagne ressentit, à peu de temps de là, une stupéfaction comparable à celle qu'aurait produite la vue du Juif-Errant, escaladant les montagnes, sautant les précipices et traversant les plaines en faisant sauter dans sa main les cinq sous légendaires.

On vit le Père Martin aller de maison en maison, la besace sur le dos, et quêtant pour ses frères. Il recevait ici un pain bis, là une mesure de pommes de terre, plus loin un sac de maïs, ailleurs une outre de vin, et rapportait ce fardeau sur ses épaules, se traînant sur les chemins, pieds nus, tête nue, au grand soleil. Puis il emmena l'âne du couvent et poussa ses excursions à quelques lieues. Il parcourut ce qui avait été ses domaines, tendant la main à ses anciens vassaux hébergé par ses anciens fermiers, éclaboussé, de ci de là, par ses anciens valets, quelque peu injurié par certains *marchesini*, auxquels il prêtait, naguère, de l'argent qu'ils ne lui rendaient point.

Mais le Capucin montra un front d'airain aux gentils seigneurs qui le raillaient. Il s'assit à la table frugale de ses *contadini*, chargea son âne et le conduisit par le licou, et n'eut pas un moment le moindre regret du passé. Il avait donné son palais à un de ses cousins, Gambalunga, rejeton des princes d'une célèbre cité du moyen âge. Il alla demander l'aumône à son cousin Gambalunga qui le fit chasser par ses valets. Cela ne l'émut nullement. Il alla aussi quêter chez son intendant, lequel s'était enrichi suffisamment à son service et possédait maison à la ville, casino à la campagne. *Signor* Lucca mit son patron du temps jadis à la porte, mais poliment, avec courtoisie, la bouche en cœur, et le bonnet à la main.

Le Père Martin pensa que, décidément, il avait bien fait de s'isoler d'une société peuplée d'honnêtes coquins.

Il rentra au couvent fort satisfait. Cependant il n'avait pas été sans ressentir parfois une honte de courte durée; il s'en confessa, à genoux et les bras en croix, au milieu du réfertoire, et huit jours durant, il se mit lui-même au pain et à l'eau, pour se punir de n'avoir pas accepté avec reconnaissance l'humiliation de mendier le pain de ses frères.

Il ne resta que deux ans au couvent *delle Grazie*.

Un jour, un définiteur de la province étant venu y passer quelques jours, parla devant le père Martin d'une mission lointaine confiée aux Capucins, et qui périclitait, faute de missionnaires. Ceux qu'on y envoyait mouraient au bout d'un séjour de quelques années, et c'était bien le plus épouvantable pays qui se pût voir.

— Bon ! dit le Père Martin, que voilà donc une résidence qui me plairait !... Ne pourrais-je obtenir la faveur de m'y rendre, mon Révérend Père ? Si indigne que je sois, je m'appliquerais avec ardeur à mériter cette grâce par un travail sans trêve !

— Ah ! Père Martin, vous ne supporteriez ni les fatigues, ni le climat, répondit le visiteur. Vous qui avez été prince...

— Mon Révérend Père, je vous assure que je ne m'en souviens que pour en rougir ! Ne me reprochez pas les hochets de vanité dont je me parais jadis ! Et puisqu'il a plu à Dieu de me prendre dans mon abaissement, pour m'élever plus haut que je ne le méritais, en me recevant dans sa milice...

— Père Martin, voilà un excès d'humilité qui frôle l'orgueil, baisez la terre ! commanda le définiteur d'un ton sévère.

Le Capucin se prosterna, les bras étendus, et baisa par trois fois ce limon dont Dieu l'avait tiré, et avec lequel sa poussière se confondrait un jour. Il se releva, pâle de douleur, parce qu'il craignait d'avoir péché.

Le Père définiteur, après un moment de réflexion, reprit :

— Vous avez montré de la soumission, Père Martin, je vous récompenserai peut-être. Notre mission, en cette contrée lointaine, est bien pénible...

— Qui travaille pour Dieu ne compte pas ses peines.

— Songez-y ! Figurez-vous un pays sans arbres, sans fleurs, sans le plus petit brin d'herbe ; du sable et des rochers : un sable brûlant, des rochers calcinés ; un ciel d'un azur implacable, d'une redoutable sérénité, et que la pluie n'obscurcit que de cinq ans en cinq ans ; un soleil torride, versant, avec des flots de lumière, une chaleur de fournaise, si bien qu'on ne peut affronter ses rayons, et qu'on est consumé par une fièvre sans intermittences.

— Puisqu'il y a des êtres humains dans ce terrible lieu, on peut y vivre. Jésus ne l'accepta point lorsqu'il dit à ses Apôtres : *Docete omnes gentes* !...

— Pour nourriture, continua le supérieur, un peu de poisson, et du riz ; pour boisson, de l'eau saumâtre mesurée avec parcimonie.

— On jeûne ici comme là-bas. Pourvu que la *bête* se soutienne, qu'importe !

— Et vingt sectes à combattre, et des sauvages à évangéliser ! poursuivit le vieillard. Les païens, qui adorent le feu ; les Indiens, qui adorent Brahma ; les Arabes, fanatiques serviteurs de Mahomet ; les Somaoulis, qui n'ont aucune idée de Dieu ; les Gallas, anthropophages ; et des Européens, qui se targuent de ne croire à rien et qui sont plus méchants encore que tous les autres.

— La parole de Dieu tombera de ma bouche, et, s'il lui plaît, elle convertira. Le moissonneur sème, c'est Dieu qui fait germer la semence...

— Vous n'aurez aucun appui, aucune assistance. Vous lutterez contre vous-même, contre les hommes, contre les éléments; vous risquerez votre vie à chaque pas, vous mourrez dans un isolement affreux, et vous deviendrez peut-être la pâture des hyènes.

Le Père Martin ne répondit pas : un sourire joyeux illumina ses traits, et ses yeux dardèrent un regard plein d'enthousiasme sur la noble figure du définiteur.

Celui-ci dit encore :

— Parfois les missionnaires sont exposés aux supplices les plus atroces qu'ait pu inventer l'infernale cruauté des féroces habitants de ce pays dont je vous parle.

— Je suis tranquille, dit le Capucin. Pour subir le martyre, il faut en être digne, et je n'espère pas l'être jamais assez.

Le front du définiteur se rembrunit, et il dit, de cette voix sévère qu'il avait prise tantôt pour ordonner au religieux de baiser la terre :

— Vous réciterez sept fois les sept psaumes de la pénitence avant de vous endormir !... Décidément, Père Martin, le démon de l'orgueil vous hante !

Quelques mois plus tard, un navire anglais quittait le port de Malte. Il emportait à son bord le Père Martin et l'un de ses compagnons qui, à force d'instances et de pleurs, avait obtenu d'aller mourir sur la terre étrangère pour l'Évangile de Jésus-Christ.

Le vaisseau traversa la Méditerranée, franchit le détroit de Gibraltar, entra dans l'Océan, toucha à Madère, à Sainte-Hélène, doubla le cap des Tempêtes, fit escale à l'île Bourbon, longea la côte orientale d'Afrique, et après cent vingt jours de voyage, aborda à Aden, où les deux Capucins descendirent.

En posant le pied sur cette terre, ils murmurèrent une fervente prière d'actions de grâces, et se prosternèrent comme pour en prendre possession, au nom du Rédempteur. La croix brillait, au sommet d'un rocher, au-dessus de Steamer-Point. Ils saluèrent en pleurant.

Aden est situé à l'extrémité de la péninsule arabique, un peu au-dessous du détroit de Bab-el-Mandeb, par 15° environ de latitude nord, et dans une petite presqu'île reliée par une langue de terre à l'Arabie. La ville compte trente mille âmes ; elle est divisée en trois parties, séparées l'une de l'autre par d'assez grandes distances : Steamer-Point, résidence des consuls, port des vaisseaux de passage ; Mayambanne, faubourg et port des Arabes ; Aden, enfin, bâtie au fond d'une vallée entourée de toutes parts de montagnes, de rochers nus, luisants, volcaniques, d'une couleur de brique, contrastant violemment avec la teinte, d'un bleu cru, du ciel.

La ville est un amas de cubes de pierre crépis en

blanc, de mosquées, de temples ; les rues n'ont d'autre pavé que le roc couvert d'un pied de poussière. Une population étrange s'y agite, crie, hurle, se démène tout le jour et toute la nuit. Ce sont des Arabes, vêtus de saies de coton bleu, coiffés de turbans sales ; des chameliers conduisant de longues files de chameaux chargés de ballots ; des Banians, aux chemises blanches, à la mître de cuir ; des Parsis, aux costumes bariolés ; des juifs, habillés comme les Israélites l'étaient dans le désert, trente siècles plutôt ; des Malabars ; des Somaoulis, maigres, de haute stature, nus, armés de lances et de boucliers, ayant la peau d'un noir d'ébène, et les cheveux teints en rouge.

Une lumière éblouissante jette un vif éclat sur ces faces luisantes, noires, jaunes, olivâtres ; sur ces étoffes multicolores, sur ces haillons, sur ces animaux aux formes fantastiques marchant d'un pas majestueux et qui viennent par caravanes du fond de l'Arabie.

C'est, en vérité, un spectacle merveilleux et dont le cadre, grandiose dans sa rudesse et son âpreté, fait ressortir la magnificence.

La maison de la mission où le Père Martin se rendit, le jour même de son arrivée, et que, depuis lors, il continua d'habiter, est une construction carrée à un seul étage, badigeonnée à la chaux vive, et entourée d'une double galerie à baies cintrées que ferment des treillages de bambou. C'est une demeure aussi modeste qu'un ermitage, où ne se trouvent que des choses strictement nécessaires à l'existence dénuée de toute aisance que mènent les religieux. De pauvres couchettes en fer, des tables agrestes, des sièges en rotin, la vaisselle en grossière poterie, puis des rayons chargés de livres, voilà tout.

Le Père Martin commença, sans délai, le rude labeur auquel il avait voué sa vie. D'abord il dut continuer à apprendre la langue arabe et le tamoul qu'il étudiait depuis le jour où il avait été désigné pour venir à Aden. Il y joignit, peu à peu, l'idiome guttural des Gallas et l'hindoustani. Il dut aussi faire des études complètes sur les mœurs, les usages, les coutumes, l'histoire, les croyances des différentes nations représentées à Aden par de nombreux individus. En outre, il eut à s'accoutumer au climat, par des expériences progressives de marche, d'alimentation, d'hygiène. En même temps, il enseignait l'anglais à l'un de ses compagnons, le latin et la théologie à un novice, d'origine anglaise, qui se trouvait là.

Le supérieur de la mission tomba malade, et le Père Martin dut se charger de l'administration du mince patrimoine, de toutes les affaires litigieuses que multipliaient le mauvais vouloir et l'inertie des différents consuls européens résidant à Aden.

Le Père Hilaire ayant succombé, notre admirable Romagnol se vit, par obéissance, obligé de le remplacer, et, peu de temps après, Rome lui donna le titre de vice-préfet apostolique.

Dès lors, il n'eut pas une minute de répit. Levé une heure avant l'aurore, il se couchait après minuit; et toutes les heures de la journée, si longues pour tant d'autres, semblaient n'avoir pour lui que la durée d'un éclair. Il travaillait sans relâche, ne s'accordant aucun repos. Aussi fut-il bientôt l'ami de tous ces misérables qui l'entouraient : musulmans et païens le vénéraient, les petits enfants venaient baiser le bas de sa robe, quand il passait dans les rues ; les vieillards le saluaient avec respect.

Il distribuait d'abondantes aumônes, et souvent le couvent entier jeûnait tout un jour, parce qu'on avait donné le pain et l'eau à de pauvres malheureux, à demi morts d'inanition, comme il y en a tant dans cette colonie de la plus riche des nations chrétiennes.

Le Père Martin était admis dans toutes les familles. Son zèle convertit à notre foi un nombre infini d'infidèles. Il entreprit alors de remplacer, par une église un peu vaste, le hangar clos de planches qui, jusqu'alors, était trop grand pour les chrétiens que renfermait la ville. Il atteignit son but, non sans peine, et deux ans ne s'étaient pas écoulés qu'il avait construit un temple d'une architecture simple mais élégante, orné d'un bel autel de bois sculpté par des Indiens, et de quelques tableaux donnés par un négociant cophte.

Il rêva alors de bâtir un collège où cent garçons et autant de filles, des races gallas et somaouli, qui habitent la côte orientale d'Afrique, seraient élevés aux frais de la mission.

On leur apprendrait d'abord à lire et à écrire, après les avoir instruits des choses de la religion et baptisés; ensuite, des maîtres spéciaux, envoyés d'Europe, leur enseigneraient des arts manuels : on en ferait des forgerons, des tisserands, des charpentiers, des laboureurs, des vanniers, des lingères, etc.; puis on les renverrait dans leur pays, où ils importeraient, avec de nouveaux besoins, de nouvelles industries; l'instinct d'imitation, particulier aux sauvages, leur créerait des partisans, des élèves, des apprentis; enfin, de nouvelles générations d'enfants se succédant les unes aux autres pendant une période de temps assez longue, la civilisation pénétrerait dans ces contrées déshéritées, et les ramènerait au bien.

Voilà quels projets insensés caressait ce moine fainéant, que, certes! les libres-penseurs de Paris et autres lieux auraient tenu en grande compassion. Et, pour dire la vérité, le Père Martin se repentait d'avoir libéralement partagé les neuf dixièmes de ses richesses entre ses cousins, et il s'avouait que son projet n'eût pas rencontré d'obstacles, s'il avait été en possession seulement de la moitié de ses anciens domaines.

Bref, sans s'apitoyer davantage sur sa pauvreté de l'heure présente ni réfléchir outre mesure aux difficultés de son entreprise, il commença par faire appel à la générosité de ses amis d'autrefois et d'aujourd'hui.

Il écrivit deux ou trois cents lettres, et la malle qui arriva à Aden cinq ou six mois plus tard, lui apporta une somme considérable. Il se mit à l'œuvre sur-le-champ, acheta un terrain, embaucha des ouvriers, dessina un plan, et l'année suivante, septième de son apostolat à Aden, les bâtiments du collège, achevés et couverts, se dressèrent à droite de l'église, en face du couvent.

Mais le Père Martin n'avait plus un sou dans sa bourse. Or, il restait à meubler ces superbes maisons, à faire venir d'Europe des maîtres, des religieuses, un économe, des outils, des provisions ; et aussi à constituer un capital pour faire vivre tout ce monde, les Gallas et les Somaoulis n'ayant guère l'habitude de faire des économies en prévision de fournir une éducation distinguée à leur progéniture.

Ce fut à cette époque que mon ami François Archex qui m'a, pour ainsi dire, dicté ce récit, eut l'honneur de voir le Père Martin.

Archex revenait du Japon où l'avaient conduit des

affaires dépendant d'une succession importante, et le paquebot *Irawady* où il s'était embarqué à Pointe-de-Galles, ayant essuyé une tempête épouvantable à la hauteur de Socotora, se voyait forcé de faire escale à Aden pendant une quinzaine de jours.

François Archex préféra à l'hospitalité confortable du grand hôtel Victoria, tenu par l'honnête et corpulent Sorabjee Cowasjee, banian, la maigre chère et la cellule dégarnie que lui offrit le Père Martin auquel il s'était empressé de faire visite, estimant que rien n'est plus vrai que cet axiome d'un sage : « Entre chrétiens, se voir c'est se retrouver. »

Il passa donc quinze jours auprès du vénérable missionnaire qui, avec son expansion cordiale de religieux et sa verve poétique d'Italien, lui confia tous ses projets.

Si bien que mon ami François Archex, que rien ne rappelait en Europe, écrivit à sa famille qu'il comptait passer deux ou trois mois à Aden, « charmant pays auquel il ne manque, pour être un Eden véritable, que des arbres, de l'herbe, des fleurs, de l'eau, des cultures, et où l'homme correspond exactement à la définition qui le déclare un *bipède sans plumes et qui parle* ».

Puis il versa dans l'escarcelle du missionnaire un demi-lac de roupies, le Père Martin écrivit cent nouvelles lettres, et son compagnon, nanti de traites sur Paris s'embarqua à bord de l'*Irawady*, avec la mission d'aller chercher en France cinq Frères des Écoles chrétiennes, neuf Sœurs de Saint-Vincent de Paul, et quatre ou cinq ouvriers capables d'enseigner leur état à des apprentis.

Après quoi, ayant pourvu à ce que le collège ne manquât pas de professeurs, le Père Martin et François Archex pensèrent à trouver des élèves.

Mais, outre que la population nègre d'Aden ne pouvait leur fournir un contingent suffisant, elle était par trop en contact avec la corruption orientale pour qu'ils ne fussent pas obligés de borner de ce côté leur choix avec une entière prudence. Ils prirent donc la résolution hardie d'aller demander leurs élèves aux tribus sauvages elles-mêmes, de franchir le détroit et de s'aventurer à la grâce de Dieu sur cette terre africaine presque inconnue, où n'osaient se hasarder les plus intrépides explorateurs.

Ils se préparèrent à ce grand voyage par un mois de retraite et d'études. Ils voulurent en tenir secrets les préparatifs, afin de ne compromettre personne, et de s'exposer eux seuls aux dangers inévitables de cette expédition. Ils écrivirent leur testament de mort, car il n'était pas certain que l'un ou l'autre revînt, et il fallait assurer l'existence de la mission et des œuvres importantes qui se ralliaient à elle.

Ce fut une entreprise aussi insensée que sublime et que plus tard blâmèrent hautement tous ceux qui n'étaient capables ni de l'exécuter, ni d'en concevoir la pensée. Affronter une mort à peu près sûre, sans autre arme offensive qu'un chapelet, sans autre bouclier qu'un crucifix, n'est-ce pas de la démence, et peut-on excuser un tel fanatisme?

Ah! que les missionnaires luthériens et calvinistes, commis-voyageurs de la Société Biblique, comprennent mieux le respect dû à la *bête humaine !...* En vérité, non, ce ne sont pas ces respectables *gentlemen* qui exposeraient ainsi leur corps précieux et se jetteraient, pour l'unique satisfaction de faire le bien, au-devant du supplice?

Le Père Martin et François Archex s'embarquèrent sur une *boutre* arabe qui les devait conduire au pied des falaises du cap Guardafui. Ils emportaient pour tout bagage, celui-ci une trousse de chirurgien, un fusil à deux coups et sa cartouchière, celui-là son bréviaire. Dieu pourvoirait à leurs besoins, ils n'en avaient pas douté un instant.

Leur navigation ne fut pas de longue durée. En quelques heures la *boutre* traversa ce bras de mer, si poétiquement appelé par les Arabes la *Porte des larmes*.

Elle s'arrêta à une encâblure de la plage, hérissée de brisants, qui s'étend à la pointe est de l'Afrique.

Le religieux et son compagnon descendirent dans

l'eau et gagnèrent la côte à gué, une barque ne pouvant circuler au milieu de tous ces récifs. Ils se reposèrent à l'ombre des rochers, puis gagnèrent le sommet des falaises, et de là se dirigèrent vers l'intérieur du pays

C'était le désert : de vastes plaines d'herbages que parcouraient d'énormes reptiles ; des animaux bizarres ; des buissons de nopals, des bouquets de dattiers, jaillissant d'un océan de verdure ; des arbres séculaires groupés en quinconces ; un fouillis inextricable de ronces, de lianes, de cactus épineux.

Les voyageurs errèrent jusqu'au coucher du soleil, et campèrent, le soir, sur la plus haute branche d'un gigantesque tamarinier inaccessible aux chats-tigres et aux panthères. Ils allumèrent des feux, autour de leur palais aérien, et s'endormirent paisiblement.

Au point du jour, ils s'éveillèrent. Déjà les oiseaux chantaient dans les bois, le soleil dorait les herbes flexibles inclinées sous un souffle brûlant. Ils mangèrent quelques fruits, remerciant Dieu d'avoir créé tant et de si belles choses. Cependant François Archex exprima cette opinion que, peut-être, ils s'étaient engagés trop à la légère dans une aventure assez grave et qu'on les pourrait taxer plus tard d'imprudence.

Le Père Martin répondit :

— Si nous réussissons, la foule nous applaudira. Si nous échouons, ni vous, ni moi ne serons là pour supporter la honte de l'échec, et quelques moyens que nous eussions employés, le seul succès nous justifierait. Donc, en avant, et Dieu soit avec nous !

Ils reprirent leur route et s'avancèrent, à travers ce désert peuplé de fauves que la présence de l'homme étonnait à un tel point qu'ils n'osaient lui déclarer la guerre, et se retiraient, en rugissant, devant ces audacieux.

Le second jour, en ouvrant les yeux, au matin, le Capucin et Archex se virent entourés d'une troupe de démons, aux cheveux crépus, à la peau noire, à la face convulsée, habillés, du reste, à la dernière mode des Gallas, c'est-à-dire de leur peau, et qui se divertissaient fort à la vue de ces deux sauvages blancs.

Le chef de la bande, qui avait été chauffeur à bord d'un paquebot, savait quelques mots d'anglais. Il interrogea ses prisonniers, tâchant d'imiter de son mieux le mépris et le dédain que les blancs lui témoignaient jadis, et la brutalité avec laquelle ils le traitaient.

Le Père Martin répondit, l'œil en feu, un rayonnant sourire aux lèvres, qu'il venait annoncer au peuple gallas la Bonne Nouvelle, et lui demander les meilleurs de ses enfants pour en faire des hommes, des chrétiens, dignes de devenir les égaux des blancs :

— Oui, dit le chef avec ironie, j'ai vu comment les habits rouges les civilisent, nos enfants ! Vois mes épaules, elles portent la marque de leurs cravaches !...

La tribu tint conseil, et le père Martin, qui savait ce qui allait arriver, donna conseil à mon ami Archex de fuir sans regarder en arrière.

La discussion entre les guerriers gallas ne dura pas si longtemps qu'une séance parlementaire. Au bout de dix minutes, on était d'accord. François Archex fut attaché à un arbre, solidement. Puis on s'empara du père Martin, et on le dépouilla de tous ses vêtements. Il laissa faire, sans résistance ; il priait avec ferveur.

Il cria à François :

— Courage, frère ! nous nous reverrons là-haut. Puis il regarda le ciel :

— *Peccavi!*

On le mit entre deux arbres, jeunes, flexibles, mais déjà robustes, que l'on força à se rapprocher et dont les troncs furent attachés l'un à l'autre par des cordes tressées en fibres de palmier. On attacha la jambe et le bras droits du prêtre à l'arbre de droite, sa jambe et son bras gauches à l'arbre de gauche, au moyen du cordon de Saint-François qui ceignait sa robe et de la quadruple courroie de cuir à pointes de fer qu'il portait en guise de cilice.

Quand cela fut fait, et tandis que le martyr priait toujours avec le même calme et la même ferveur, le chef gallas et son fils, armés chacun d'un coutelas, tranchèrent d'un seul coup les liens qui retenaient les deux arbres comme dans un étau.

Il y eut un grand cri, un bruit de branches froissées, un double craquement, et quand, après une heure d'évanouissement, François Archex reprit ses sens, il vit, baignés dans une mare de sang, les débris du corps du Père Martin, un tronc informe, des membres mutilés, gisant à quelques pas de lui...

*
* *

Les Gallas ramenèrent François au bord de la mer ; une barque de pêche le recueillit, et il revint à Aden dix jours après en être parti. Mais ses cheveux avaient blanchi, quoiqu'il n'eût pas trente ans, et, depuis lors, je ne l'ai jamais vu rire.

C'est de lui que je tiens cette histoire.

Voilà comment mourut dom Fausto Malipieri, prince de Sant'Archangelo, deux fois duc et dix fois comte. Il n'eut pas même ce misérable dernier asile du plus pauvre mendiant : une fosse.

Et il est certain que, dans son pays, on se souvint longtemps de ce seigneur qui s'était fait moine pour être un fainéant.

UNE ESCALE A MADAGASCAR

A Marc Rabibisoa.

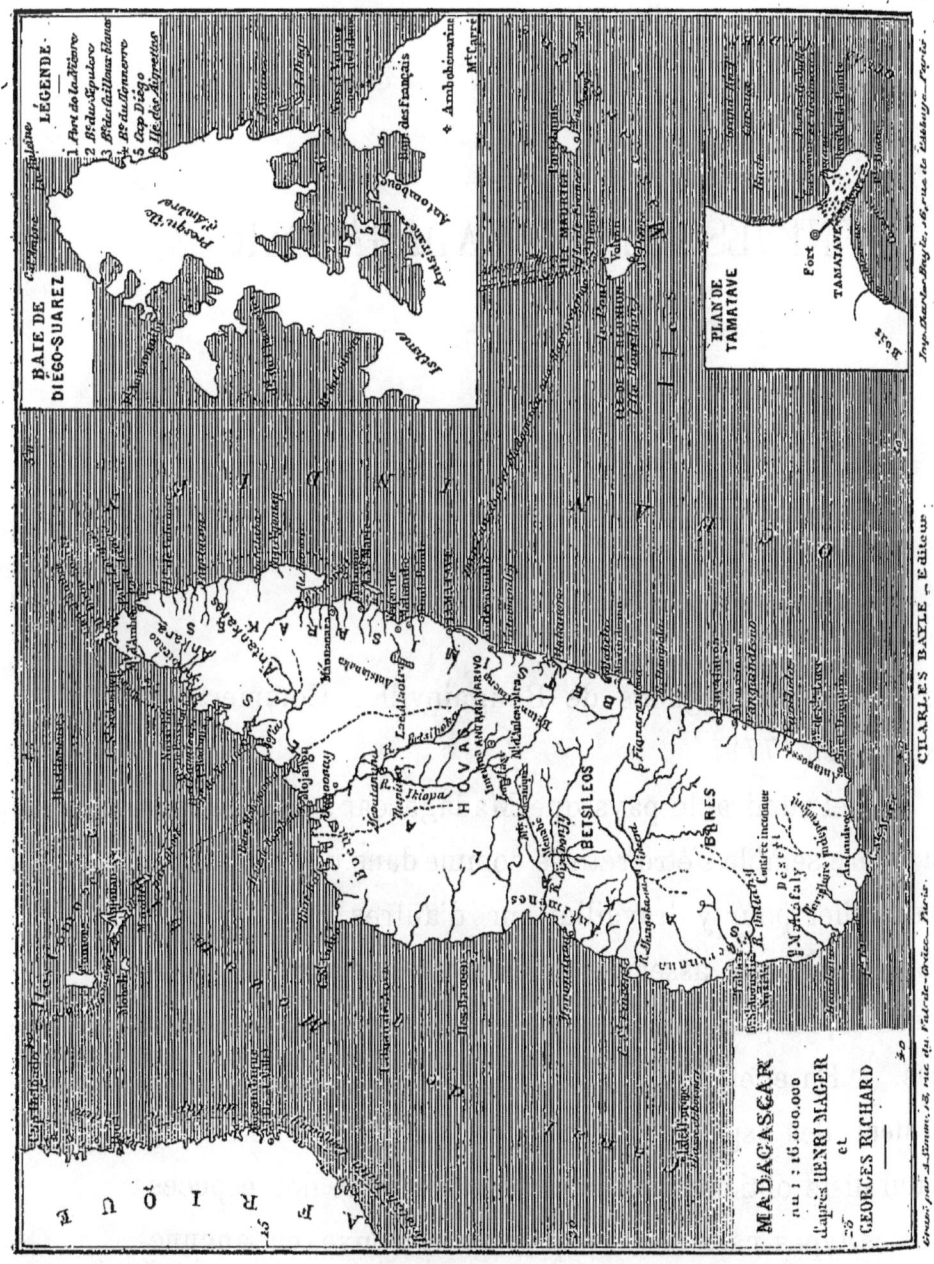

UNE ESCALE A MADAGASCAR

I

Un des compagnons de Bougainville, Commerson, écrivait en 1771 :

« Quel admirable pays que Madagascar ! c'est là que la nature semble s'être retirée comme dans un sanctuaire particulier pour y travailler sur d'autres modèles que ceux où elle est asservie ailleurs ; les formes les plus insolites, les plus merveilleuses, s'y rencontrent à chaque pas. » En effet, les plantes comme les animaux y présentent des aspects bigarrés et tout particuliers ; le naturaliste obtient dans la flore et la faune des espèces et des types caractérisés qu'il ne retrouve en aucune contrée.

Le mouillage de Tamatave, où l'on débarque, est une

rade protégée par quelques récifs. Le village est bâti sur une langue de sable de trois à quatre cents mètres de largeur, couverte de buissons et semée de quelques grands cocotiers. Les seules maisons de quelque importance sont celles des résidents étrangers et des officiers hovas.

Tamatave se divise en deux parties : le village malgache et européen, sur le bord de la mer, et le village hova, placé derrière le fort. Chaque case, bâtie en bois et en feuilles de ravenala et couverte de même, est entourée d'une palissade de pieux.

Le bâtiment de la douane, construction indigène, est une espèce de hangar dont les murs sont formés de poteaux enfoncés en terre à distances inégales et reliés entre eux par les longues et fortes tiges du *ravenala*, plus célèbre sous le nom d'*arbre des voyageurs*. Des feuilles du même arbre forment la toiture, et l'écorce sert de parquet. Des bancs sont autour de la salle à l'intérieur. Les murs sont tendus de nattes fines de roffia. La pièce est occupée par des sacs de riz et des provisions, des nattes et des matériaux propres à en fabriquer. C'est, avec la résidence du grand juge et une ou deux maisons à l'européenne, tout ce qu'il y a de mieux à Tamatave.

Ayant rempli les formalités de douane, qui sont aussi vexatoires à Madagascar que dans tel ou tel État civilisé, je me hâtai, selon mon habitude, de parcourir le village en tous sens.

Je rencontrai d'abord deux ou trois brillants seigneurs, vêtus du *lamba*, rayé de larges bandes roses, jaunes, rouges et violettes, coiffés de bonnets en paille tressée ou de casquettes parisiennes à galons d'or, lesquels, entourés de serviteurs moins élégamment vêtus et surtout moins vêtus, échangeaient des politesses avec les officiers du *Vésuve*, qui m'amenait.

J'entrai familièrement dans une case malgache qui occupait le centre d'un bel enclos, bien cultivé en potager, mais encombré de fleurs multicolores, dont les rayons ardents du soleil tropical distillaient les parfums subtils. Elle me parut fort propre, tendue et tapissée de nattes très fines, meublée d'une couchette sur quatre pieds, garnie aussi de nattes, de sièges tressés en rotin ou en osier, de bancs et d'étagères en bois rouge. Sur la table couverte d'une nappe, était servi le repas.

Dans la chambre voisine, sorte de dépense aux provisions, des sacs en feuilles de vacoa et de vastes paniers couverts en paille de coco, renfermaient du riz, du café et du sucre.

Cet intérieur indigène était certainement plus gai à la vue qu'une ferme beauceronne ou une métairie bretonne.

En sortant de chez le seigneur malgache, qui m'accueillit fort bien et voulut absolument me faire boire, avec lui, un verre d'une liqueur inconnue, au goût très âcre, je vis, debout, près d'une idole grossièrement sculptée dans un gros bloc de bois, une bien étrange figure.

C'était un noir de haute taille, robuste, appuyé sur une longue sagaie, et tenant à la main gauche une sorte d'écran. Il n'avait pour tout costume qu'un *langouti* de grossière toile bise, avec des bracelets de fourrure aux bras et aux jambes.

Autour de l'idole, posée à terre devant un épais massif de bambous, des armes diverses étaient jetées pêle-mêle. Ce noir individu n'était autre qu'un *mososa*, c'est-à-dire un sorcier.

Quant à l'idole, elle pouvait être une des quatre qu'on adore dans la province d'Émirne. Sous le règne de Ranavalona, elles étaient fort honorées, et lorsqu'elles étaient portées dans le cortège royal, le peuple devait faire entendre le *mihaly* ou chant de joie.

Je voulais voir de très près le marché de Tamatave, et je comptais sur un spectacle pittoresque. Mon attente ne fut nullement trompée.

Cet étrange bazar présente plus d'une curiosité aux yeux de l'Européen qui le parcourt pour la première fois.

Ce ne sont pas seulement tous les produits du pays : riz, manioc, patates, figues, bananes, cire, miel vert, écailles, orseille, sandal, poisson de mer et poisson d'eau douce, etc., mais c'est l'arrangement ou plutôt le pêle-mêle des spécialités du commerce et de l'industrie de tous les pays, prenant sans façon leur place au soleil, qui font de ce marché un spectacle unique.

Ainsi à côté d'un grand magasin dont la toiture de feuillage atteint la cime du grand cocotier qui le domine presque, et où un riche Indien offre aux amateurs de soyeux tissus et de superbes cachemires, je vis une énorme dame de la halle malgache qui a étalé en même temps des écrevisses, des joujoux, des colifichets et tout un assortiment de costumes.

C'est là que les femmes élégantes viendront chercher sous les deux nattes de jonc qui les recouvrent, des crinolines vieilles de vingt ans. Là aussi certains *grands honneurs* du pays viennent acheter, pour les jours de parade, une livrée de groom, une culotte de panne rouge, un vieux bicorne à plumes et des défroques de théâtre.

Aussi, devant l'heureuse commère, j'admirai de bon cœur la variété des types, des physionomies et des démarches.

Les voilà bien devenus civilisés, ces deux Crésus malgaches, se prélassant avec des fracs de rebut ; ce gamin qui, pour la première fois, jouit du bonheur d'essayer le large pantalon garance d'un zouave ; ce jeune dandy, à peu près nu, mais chaussé d'une luisante paire de bottes !

Auprès de chaque marchand en gros ou en détail, on voit l'indispensable balance qui sert à peser l'argent coupé par morceaux jusqu'en fractions infiniment petites. Si l'on veut acheter, il faut s'armer de patience, car il faudra consentir à charger et à recharger les plateaux avec tous ces petits poids de fer ou de pierre.

Encore quelques pas et nous voici au marché des chats et des chiens de toute race. C'est là que les gens de l'intérieur viennent se fournir de ces animaux si convoités.

Mais, hélas ! surprise qui éteignit ma gaieté, je me trouvai soudain en face d'un marché de chair humaine.

De pauvres esclaves volés par les Sakalaves, de tout petits enfants abandonnés à des créanciers impitoyables par des parents grevés de dettes, parfois la femme d'un esclave que le maître aura séparée de son mari pour satisfaire l'usurier hova, quand celui-ci refuse de prêter à moins de cent pour cent.

Un peu plus loin, il faut traverser un espace de terrain, où d'énormes bœufs abattus jonchent le sol ensanglanté. A côté de ces énormes monceaux de viande, les *potiposchena*, c'est-à-dire les infiniments petits de l'espèce, gisent sur la mare détrempée de sable et de sang et vous obligent à vous boucher les narines.

Il faut bien se garder de s'aventurer dans ces quartiers pendant les trois jours de jeûne qui précèdent la fête du Bain de la Reine ou le premier jour de l'an malgache, époque où il est défendu aux bouchers de tuer. Sans parler des diverses nuances du rouge violet au bleu verdâtre où les vers fourmillent, quelle odeur ! Mais les Malgaches ne sourcillent point pour si peu. Ils achèteront cette viande exposée depuis plusieurs jours au soleil et s'en feront un festin.

Madagascar est située entre 12°12′ et 25°45′ de latitude sud, et entre 41°20′ et 48°50′ de longitude est de Paris. Elle mesure 132 myriamètres du nord au sud et 54 de l'est à l'ouest dans sa plus grande largeur. Ses côtés offrent un développement de 345 myriamètres. Sa superficie est d'environ 4,000 myriamètres carrés ; sa population atteint six millions d'habitants divisés en plusieurs peuplades.

La partie nord est très montagneuse ; la partie sud est relativement plate. M. Alfred Grandidier y a reconnu l'existence de cinq chaînes de montagnes, dont les trois premières, séparées les unes des autres par des plaines sablonneuses ou par des plateaux arides coupés de ravins peu profonds, appartiennent à la formation secondaire. Les deux autres ne forment plus qu'une masse immense de montagnes granitiques, qui semblent dues à deux soulèvements différents.

Sur la côte est, la rivière la plus remarquable est le Mangourou, qui prend sa source dans les montagnes qui séparent le plateau d'Ankaye de la vallée d'Antsihianake.

Sur la côte ouest plusieurs rivières sont navigables à trente et quarante milles de la côte : le Tsidoubon ou Ménabé, que les pirogues remontent jusqu'au pied du grand massif granitique central ; le Betsibouka, qui se jette dans la mer à Madzanga ; son affluent, l'Ikoupa ; enfin le Mangouka ou Saint-Vincent, qui est navigable pendant une grande journée.

Les autres rivières ou cours d'eau sont le Madréré, le Mananbouvou, le Ménarandra, le Saint-Augustin, le Fihérénane, le Manoumbe, le Kintombou, le Maïtampak, le Mounroundava et l'Andranoumène. Le système hydrographique de Madagascar est complété par les lacs d'Antsianianake, de Tasy, de Ranoumène, par les lacs salés de Manamtepsoute, chez les Mahafales, et d'Héoutri, et enfin par une série de lagunes.

Les voies fluviales peuvent être d'une grande ressource pour communiquer de Tananarive à Bombetok, qui est le point le plus commerçant de la côte occidentale.

Au centre de l'île on compte cinq provinces placées

assez exactement l'une à la suite de l'autre, en descendant du nord au sud. Ce sont : l'*Antsianaka*; l'*Ankova*; le *Betsiléo*, couvert de grandes forêts et peu cultivé; le *Voumirou* et le *Machikora*, provinces encore inexplorées.

L'*Ankova*, habité par les Hovas, est formé par un immense plateau que la chaîne médiane des montagnes entoure presque complètement. Sa partie centrale est très peuplée; la campagne est parsemée de villages.

C'est dans cette province que s'élève la capitale de Madagascar : *Tananarive,* ou « la ville aux mille villages ».

Les autres centres de population sont : Ampalaze au nord de la pointe de Barlow; Halavé, Salz, Andoulahé et Tulléar, dans la baie de Saint-Augustin, et enfin un grand nombre de hameaux, dont la population varie de cinquante à quatre cents âmes.

Il faut vingt jours pour faire sans difficulté les cent lieues qui séparent Tamatave de Tananarive.

Malgré leur contact fréquent avec les Européens, les Malgaches n'ont pas encore adopté les usages qui facilitent les communications d'un lieu à un autre. Ils n'ont ni chemins ni sentiers tracés à travers leur pays montagneux, couvert de bois et coupé de rivières sans ponts.

Un Européen ne pourrait y voyager en piéton; aussi

le service des transports se fait-il à dos d'homme, et voici comment. Le voyageur s'assied sur une espèce de fauteuil soutenu par deux brancards ; quatre porteurs, deux en avant, deux en arrière, placent sur leurs épaules les extrémités des brancards et emportent au petit trot le voyageur, auquel il incombe de garder l'équilibre, de se préserver du roulis et du tangage aux montées et aux descentes, et d'écarter les branches qui fouetteraient sa figure dans les forêts.

Les porteurs n'ont souci que d'avancer et s'en acquittent assez bien, ayant toujours une équipe de quatre noirs pour les relayer.

Le véhicule n'est parfois autre chose qu'un panier long d'un mètre et profond de trente à quarante centimètres ; c'est celui que les femmes préfèrent. On y étend un petit matelas sur lequel on se blottit tant bien que mal. Les avantages du panier sont compensés par un grand inconvénient ; s'il pleut, le matelas boit l'eau et fait éponge. On obtient alors l'agrément de voyager dans un bain d'une fraîcheur agréable sous ce climat torride.

Pour les bagages et les provisions de bouche, on a d'autres porteurs appelés *marmites*. Ils partagent les colis en paquets égaux autant que possible, adaptent un paquet à chaque extrémité d'un bambou, mettent le bâton sur leurs épaules, et partent d'un pas léger. Sans trop de fatigues, ils font de dix à douze lieues par jour, avec un fardeau de quarante kilogrammes.

Porteurs et *marmites* ne sont pas trop exigeants pour le salaire ; la vie matérielle coûte si peu à Madagascar, où l'on peut, avec dix centimes, se procurer un bon morceau de bœuf !

On ne trouve sur la route de Tananarive ni auberge ni taverne. On peut néanmoins s'abriter, car l'hôtellerie, ce lieu de refuge que nos plus petits hameaux s'enorgueillissent de posséder, est remplacée, dans les principaux villages, par une case *royale* destinée aux voyageurs indigènes ou étrangers ; il s'agit ici tout simplement d'une baraque aux parois et à la toiture en chaume, et d'ailleurs absolument dépourvue de croisée et de cheminée ; la fumée s'en va par la porte, si par hasard on fait du feu. Les premiers arrivants s'installent et font de la place aux autres, tant que l'espace le permet. Ordinairement on offre une natte au blanc assez imbu de préjugés pour éprouver quelque répugnance à se servir, en guise de siège, d'un tas d'immondices.

Chacun pourvoit à son repas comme il l'entend ; si l'on a commis l'imprudence de s'aventurer sans provisions, il est parfois facile de se procurer à bon marché du riz, du bœuf, de la volaille et des œufs ; après quoi on endosse, tout au moins par l'imagination, le tablier de Vatel et le cordon bleu de Carême, et l'on s'élève soi-même à la dignité de cuisinier et de maître d'hôtel.

Mais, si l'on ne rencontre pas de « case royale » ou si la case royale est remplie de pèlerins, et qu'on ne sache ou s'héberger, on recourt sans ombre de timidité à l'hospitalité malgache. Ceux qui portent un voyageur entrent dans la première case qui se présente à leur vue ; si elle ne leur convient pas, ils en choisissent une autre. Les propriétaires comprennent ce que cette visite signifie ; à l'instant ils emportent les ustensiles dont ils ont besoin, livrent sans défense aux nouveaux venus leur logement et leur mobilier, et vont tranquillement loger chez leurs voisins.

Souvent même ils apportent des cadeaux à l'étranger qui leur fait l'honneur de s'emparer de leur logis, et ce, sans aucun calcul ni espoir de récompense.

Entre eux les Malgaches agissent avec une simplicité plus fraternelle encore. Un indigène arrive-t-il au moment où la famille prend ses repas : sans préambule, sans formalité il se constitue commensal, et le voilà attablé, c'est-à-dire assis par terre et se régalant de riz. Ce sans-façon est réputé politesse.

Nous partîmes donc de Tamatave, escortés de deux douzaines de porteurs de fauteuils-palanquins et de deux autres douzaines de Malgaches, légèrement vêtus, mais chargés de bannes, de paniers, de couffes et autres ustensiles.

Le coup d'œil de ce cortège ne laissait pas que d'être pittoresque ; j'avais un superbe parapluie rouge pour m'abriter des rayons du soleil ; mes compagnons se gaudissaient sous de larges ombrelles japonaises : nos nègres étalaient un fouillis d'étoffes multicolores et de lambas à peu près blancs, et nous trônions avec une certaine majesté sur le dos de nos brancardiers.

Nous avions d'abord à descendre pendant trois jours vers le sud, longeant la côte entre des lacs marécageux et la mer.

Cette zone intermédiaire se compose d'assez bons pâturages parsemés d'ombrages et de bouquets d'arbres qui lui donnent un aspect des plus gracieux.

Nous quittâmes enfin les plaines sablonneuses semées de bouquets de grands arbres morts dépouillés de leur écorce, et n'ayant pour toute verdure que les orchidées et autres plantes parasites, poussées au hasard dans les fissures de leurs troncs, ainsi que les étangs et les marécages qui font de cette région le quartier général de la fièvre.

La caravane arriva enfin au village d'Andevorante, sur les bords de l'Yvondrou, large rivière navigable. Des bois gigantesques en suivent le cours, et, enlacés aux flexibles rameaux des palmiers, forment des bouquets aussi impénétrables aux rayons du soleil qu'à l'homme. Leurs branches, qui souvent fléchissent sous le poids de leurs fruits savoureux, venaient se plonger dans les eaux en passant par-dessus nos têtes, et nous cachaient la rive opposée. Des lianes indigènes, admirables par leur délicatesse, par les formes de leurs feuilles et les vives couleurs de leurs fleurs, s'étendaient d'arbre en arbre comme un vaste réseau de soie verte.

Mais ces ombrages attrayants sont la retraite de terribles caïmans et de sangliers non moins redoutables.

Notre marche était lente, et souvent arrêtée par des troncs d'arbres que l'âge ou la tempête avaient abattus et qui, couchés sur l'eau dans les endroits où elle est peu profonde, retenaient une masse considérable de végétaux que le courant y accumulait sans cesse.

Les oiseaux qui peuplent ces forêts attiraient surtout mon attention.

Tantôt j'admirais le plumage brillant du colibri, tantôt j'écoutais le chant mélancolique de la *veuve* et le caquetage des perruches noires qui se balançaient sur les branches les plus élevées des arbres voisins.

Les perroquets noirs, le ramier vert, le pigeon bleu ou *hollandais*, et une foule d'autres oiseaux annonçaient aussi leur présence, le premier par un cri âpre et perçant, les autres par de doux roucoulements ou des sifflements prolongés. Les aigrettes seules restaient silencieuses et immobiles au bord de l'eau, et elles guettaient les petits poissons pour les harponner de leur long bec.

Mon guide me fit remarquer aussi sur une feuille de songe le *vouroun-saranoun*, cet ami et protecteur des hommes, qui leur annonce toujours la présence du caïman, que les bons Malgaches vénèrent.

A partir d'Andévorante, l'itinéraire pour Tananarive change complètement de direction et d'aspect : c'est une ascension de huit à dix jours en ligne droite, vers l'ouest, à travers un amphithéâtre non interrompu de montagnes ou de mamelons, entrecoupés de rivières torrentueuses, toujours sans pont, à moins qu'elles ne soient infestées par des caïmans.

Quand ces cours d'eau sont trop profonds ou grossis par les pluies, il faut les passer en pirogues, c'est-à-dire dans d'étroites embarcations faites d'un seul tronc d'arbre, et où la moindre distraction peut faire perdre l'équilibre et chavirer.

Tananarive forme le point central et culminant de l'entassement de monticules et de plates-formes dont je viens de parler.

Qu'on se figure des sentiers impraticables et faits, ce semble, pour dérouter les voyageurs plutôt que pour les conduire : ici, des escarpements et des précipices, là, des trous et des fondrières qui deviennent des lacs de boue à la moindre pluie, telle est la route royale qui mène à la capitale des Hovas.

Le plus souvent, ce n'est qu'un étroit sentier, sur lequel se pressent une multitude de piétons à moitié nus et armés de la sagaie; ils montent et ils descendent avec de lourds fardeaux pour Tananarive, ou pour Tamatave, car tous les transports se font à dos d'homme et à force de bras.

Quelquefois encore des files interminables de bœufs, qui se rendent à la côte pour l'embarquement et auxquels il faut disputer le passage, compliquent l'embarras.

Mais la partie la plus fatigante et la plus périlleuse de ce voyage, c'est la traversée de la forêt de l'Alamazaotra, qui dure trois jours.

La forêt d'Alamazaotra, qui est une des plus vastes de l'île, est large d'environ quinze lieues, et fait partie de la vaste ceinture de grands bois qui traverse les principales provinces de Madagascar.

Elle est parsemée de précipices, de ravins, de profondes déchirures. On y rencontre une immense variété d'arbres parmi lesquels de véritables colosses végétaux.

Après plusieurs jours de marche, sans trop de fatigue,

nous ne tardâmes pas à decouvrir, au loin, assise comme un nid d'aigle, au sommet de ses collines, Tananarive la Grande, cette ville mystérieuse qui, semblable aux majestés ombrageuses et jalouses de l'Orient, dont tout le génie consiste à se rendre invisibles, avait voulu rester jusqu'ici inaccessible et, pour ainsi dire, inconnue à l'Europe.

Bâtie de tous côtés en amphithéâtre, avec deux palais principaux qui la couronnent, celui de la reine et celui du premier ministre, elle présente, à la distance de trois ou quatre lieues, un aspect imposant.

La magnifique rivière de l'Ikoupa, qui, par son confluent avec le Betsibouka, porte ses eaux jusqu'au canal de Mozambique, se déroule à ses pieds comme une riche ceinture; et les rizières qui l'entourent fournissent un large tribut à son alimentation.

Il y avait cinq à six heures que nos coureurs nous emportaient à toute vitesse sous un soleil de feu, et nous venions de franchir la dernière butte qui nous séparait de Tananarive, pour descendre dans la vallée de l'Ikoupa.

Tout à coup, de ces hauteurs, nous distinguons dans le lointain, sur les bords de la rivière, des groupes de Malgaches de tous rangs et de toutes conditions, qui, informés de notre arrivée par la rumeur publique, se portaient à notre rencontre.

Nous n'étions encore arrivés qu'aux deux énormes pierres qui indiquent l'entrée de Tananarive, et nous commencions seulement à gravir ces premières rampes.

En cet endroit les rues étaient bordées d'une foule de plus en plus compacte, et les terrasses et les murailles se couvraient de curieux. Un grand nombre faisaient entendre, à notre vue, le *mitsetra*, petit bruit des lèvres qui indiquent, chez les Malgaches, le plus haut point de la satisfaction.

Tananarive, la cité aux mille villages ; (*tanan* village; *harriva* ville), est la résidence de la reine des Hovas et le chef-lieu de son gouvernement. C'est une ville d'un aspect des plus pittoresques. Elle couvre en partie une colline qui s'étend, dans sa plus grande longueur, du sud-ouest au nord-ouest, en se ramifiant à ses extrémités. Vue de loin, elle ressemble à une pyramide tronquée, dont le sommet est couronné du palais de la reine.

Autour du palais et sur les flancs escarpés de la colline, s'échelonnent d'innombrables cases malgaches, généralement couvertes en jonc du pays (*zororo*), à l'exception de plusieurs bâtiments dont la toiture est de tuile ou de bois.

Les rues sont étroites, pauvres, mal tenues, ou plutôt ce sont des sentiers qui ne méritent point le nom de rue, sauf celle qui conduit au palais.

Les murs de clôture forment terrasse ; les maisons en bois ou en pisé, dont quelques-unes, à plusieurs étages, sont ornées de belles vérandahs ; les palais de Soaniérana, celui de Mandjaka-Miandana, de Tsahafaratra, de Ranavalo, les jardins et le tombeau de Radama Ier, le Champ de Mars où peuvent manœuvrer à l'aise de quinze à vingt mille hommes ; au nord, le réservoir des eaux servant de moteur à la fabrique de poudre ; sur le point culminant de cette partie de la ville, le tombeau de Rainiharo, dont l'architecture rappelle le style des monuments d'Égypte ; des arcades ornementées des villas entourées de bosquets ; tout cela est de nature à captiver l'observateur.

Du sommet de la montagne sur laquelle la ville est assise, le regard s'étend sur les immenses plaines arrosées par la rivière de l'Ikoupa.

Des rizières, distribuées avec une vraie intelligence d'irrigation, sont traversées en tous sens par des canaux encaissés entre de fortes digues sur lesquelles sont bâtis, ici des maisons isolées, là des villages entiers.

Tantôt ces habitations dessinent à l'œil les sinuosités des chaussées, tantôt elles paraissent flotter au milieu des eaux.

L'entrée principale du palais du roi fait face au nord ; un perron en pente très douce conduit à un portail carré, massif, en pierre de taille, orné d'une glace encadrée dans un médaillon. Le tout est surmonté du *vourounnahéré* (oiseau royal) posé sur son globe, qui, avec les sept pointes de sagaie, forment l'emblème de la puissance hova.

A gauche de l'esplanade sur laquelle est située cette entrée, on voit le tombeau de Radama Ier, construction informe et sans caractère ; mais l'usage veut que l'on s'y arrête et que l'on salue toutes les fois que l'on passe.

Une toiture aiguë et élancée, portant au centre l'oiseau royal, abrite la véranda et s'appuie sur la colonnade.

Celui de Ranavalo est construit sur le même style, mais il est beaucoup plus grandiose et plus vaste.

Le tombeau tient au palais d'argent, ainsi nommé parce que l'on a cloué avec des pointes de ce métal les bardeaux qui le recouvrent. C'est un édifice à peu près carré, d'une vingtaine de mètres de côté, à deux étages, entouré de fortes colonnes en bois.

Souaniérane est bâti sur un très beau plateau, au sommet d'un coteau au sud-ouest de la ville. L'esplanade circulaire est entourée d'une triple rangée d'arbres, ce qui est une rareté pour ce pays déboisé. Ce singulier édifice est composé de trois longs bâtiments juxtaposés : celui du centre est débordé par les deux latéraux qui forment ainsi quatre grands pavillons aux angles. Le large balcon qui en fait le tour a plus de trois cents mètres de développement.

L'architecture religieuse est complètement inconnue à Madagascar, et les grossières idoles des naturels sont gardées sous de misérables hangars de paille ou de terre.

En somme, Tananarive est bien nommée « la ville aux mille villages », car elle ressemble à une vaste agglomération de villages plutôt qu'à une grande ville, malgré son étendue et sa population, qui varie, selon les uns, de 60 à 70,000 habitants.

La capitale de Madagascar est donc une véritable ville, d'un aspect à la fois singulier et charmant, surtout au coucher ou au lever du soleil, qui colore de son ardente lumière les terrains rougeâtres, les cascades de roches grises, violettes ou rosées.

Une cité aussi populeuse, où la propreté des rues est chose à peu près inconnue, où rien n'est ménagé pour l'écoulement des immondices, serait nécessairement fort malsaine si la nature ne venait en aide à l'incurie des hommes.

Des pluies torrentielles, très fréquentes en été, emportent les détritus dans leur cours impétueux, entraînent, en s'infiltrant, tous les sels et les gaz qui se forment à la surface du sol, et donnent naissance à des sources dont l'eau n'est pas potable.

Sur la place d'Andohalo se trouve la pierre sacrée où la reine est couronnée, et où, au retour de ses voyages, escortée de son armée, de son peuple et de toute la noblesse, elle s'arrête sous le grand parasol rouge, insigne par excellence de la dignité royale, pour haranguer la multitude.

Cette place est aussi réservée aux grands *Kabars* (assemblées). C'est là qu'au mois d'avril 1857, la reine Ranavalo Ire, déjà souillée du sang de plus de cent mille de ses sujets, fit tenir un nouveau Conseil de mort, pour achever, disait-elle, de purifier son peuple. Elle avait fait publier auparavant dans ses États qu'elle accorderait une grâce générale à tous ceux qui avaient commis quelque faute, s'ils s'en reconnaissaient coupables en présence des juges, et qu'ils seraient, au contraire, passibles des châtiments les plus sévères, s'ils étaient convaincus sans s'être révélés eux-mêmes. Bientôt des listes nombreuses d'accusés, qui figuraient souvent pour des crimes imaginaires, avaient été dressées de gré ou de force; l'on comptait, d'ailleurs, sur une amnistie complète. Mais, au jour où devait se conférer sur cette place fameuse l'indulgence plénière de cet étrange jubilé, 1,237 individus, de 1,445 qui s'étaient accusés eux-mêmes, furent chargés de fers par groupe de cinq ou sept, attachés ensemble, et leurs femmes et leurs enfants, au nombre de plus de 5,000, réduits en esclavage.

79 autres prévenus, qui avaient été dénoncés, furent exécutés le même jour par différents supplices, aux abords de cette place, qui ne doit être souillée elle-même par la présence d'aucun cadavre.

En face, près d'un grand lac, on montre l'endroit où ceux qu'on accusait de sorcellerie sont condamnés à périr sous des flots d'eau bouillante versée par leurs femmes et leurs enfants. A gauche est le lieu réservé aux supplices de la lapidation et de la strangulation.

Non loin du palais se dresse la roche Tarpéienne, escarpement de deux cents mètres, d'où les malheureux, condamnés à se précipiter, n'aperçoivent au bas pour les recevoir que la pointe du sabre ou de la zagaie.

Les peuplades qui habitent Madagascar se partagent en plusieurs races, dont les principales sont les Hovas et les Sakalaves.

Les Sakalaves sont les plus doux de tous les peuples madécasses, et ceux qui ont le plus de tendance à la vie civilisée; ils ont toujours été favorables aux Français, à l'opposé des Hovas. C'est un peuple pasteur et nomade, cultivant la terre avec moins de paresse que les autres tribus.

Les Hovas, fort improprement désignés sous ce nom, ne s'en donnent pas d'autres que celui de Malagasses, dont on a fait Malgaches.

Le mot Hova signifie « bourgeois », celui qui n'est ni libre ni esclave.

Les hommes libres qui sont tombés en servitude comme débiteurs insolvables, ou par suite d'une condamnation selon les lois du pays, s'appellent *Zaza-Hovas* « petit de Hovas », ou bien encore *Hova-Véri*, « Hovas perdu ».

Les Hovas, selon la tradition, sont de race malaise.

Leurs traits se rapprochent singulièrement du type européen ; ils ont, en général, la peau olivâtre plus ou moins foncée.

Leur taille est d'ordinaire au-dessous de la moyenne ; ils ont les épaules élevées et carrées ; leur physionomie n'a rien du nègre. Les cheveux sont plats, rudes et épais ; le nez légèrement arqué, les yeux écartés de la racine du nez et un peu élevés vers l'angle extérieur ; les pommettes saillantes.

Parmi les autres peuplades qui habitent Madagascar, il faut citer les betsiléos, au centre ; les Bezaounzaoun, à l'est ; les Betsimirakas, les Antaïmoures, les Antalastres ; enfin les Malattes, dont quelques voyageurs ont parlé, proviennent d'unions contractées entre les blancs et les filles des chefs de la côte et sont devenus, de par leurs mères, les chefs de la contrée.

Les Antalastres descendent d'Arabes venus de la côte orientale d'Afrique et de femmes sakalaves. Ils formaient autrefois une caste à part, avec sa religion, ses lois et ses coutumes distinctes. Détruits par Radama Ier, ils se sont réfugiés à Zanzibar et aux Comores, et leurs descendants absorbent aujourd'hui tout le commerce du Ménabé et du Bouéni, en faisant cause commune avec les Arabes, dont ils ont d'ailleurs gardé la religion et les habitudes.

Les Antaïmoures proviennent, dit-on, d'Arabes naufragés sur la côte est. Ils sont considérés par les autres tribus de l'île comme des savants, car la lecture et l'écriture sont très répandues parmi eux. Ils portent le costume des populations voisines, dont ils partagent les mœurs et les croyances, mais ils regardent le porc comme impur et ne mangent que la chair des animaux qu'ils ont tués eux-mêmes.

Menteur par habitude et rampant par intérêt, le Betsimiraka se prosterne aux pieds du premier blanc qui possède une bouteille d'arack ou une aune de toile de coton, et lui prodigue les épithètes les plus adulatrices : il l'appelle son maître, son roi, son Dieu, et promet de le servir jusqu'à la mort ; mais à peine a-t-il obtenu les objets de sa convoitise qu'il va rire avec ses camarades de la sotte crédulité de celui qui vient de céder à ses prières et à ses protestations de dévouement.

Ils aiment à pérorer et sont plus habiles à manier la parole que le javelot national ; ils n'aiment dans la guerre que les *Kabars* solennels, où les orateurs déploient, en de longues harangues, les richesses de leur imagination et celles d'une langue parfaitement harmonieuse.

La noblesse est assez fortement constituée chez les Hovas. Autrefois elle était remuante, dans un état de guerre et d'anarchie permanent ; mais elle paraît aujourd'hui entièrement soumise depuis les règnes de Radama et de Ranavalo. Les fiefs ou terres nobles se nomment *Ména-Kéli* (terre petite), par opposition aux terres du domaine royal : Tananarive, Ambouhimanga, Souatsimanampiovane, qu'on désigne sous le nom de *Ména-Bé* (grande terre).

Les nobles n'ont pas le droit de rendre la justice sur leurs fiefs ; ils n'interviennent que comme conciliateurs. Hors de leurs seigneuries, ils n'ont droit qu'à certains honneurs selon leur rang ; ils ne prennent part aux affaires publiques qu'en raison de leurs fonctions à la cour, et sont mêlés aux roturiers qui partagent avec eux les principales charges.

Il y a divers degrés dans la noblesse : ceux dont le titre se traduit par celui de prince ou de duc peuvent seuls s'habiller de rouge. Au degré intermédiaire, ils sont exempts de monter la garde quand ils sont simples soldats, et c'est à eux que revient l'honneur de garder le drapeau. Ils ont droit au *vadihéna*, — à la queue du bœuf, — toutes les fois qu'on en tue un sur leurs terres, et même ailleurs, lorsque l'animal est tué pour la consommation. Le *vadihéna* revient de droit au roi, ou à ses représentants, dans tous les autres cas.

La noblesse inférieure a le privilège de ne pouvoir être ni enchaînée, ni mise aux fers; elle est exempte de la corvée; mais elle y conduit ses vassaux quand ceux-ci sont mis en réquisition.

Simples soldats, les nobles de ce rang sont tenus de monter la garde; cependant ils reçoivent le premier salut du roturier le plus élevé en grade. La formule du salut adressé aux nobles diffère de celle employée pour les roturiers; aux premiers, l'on dit : « Portez-vous bien; » aux autres : « Comment vous portez-vous?... »

Le roi, la reine et leurs enfants peuvent seuls porter du corail sur la tête; les nobles ont le droit d'en avoir aux pieds; tout le monde, même les esclaves, peut en mettre au cou et aux bras. Les femmes nobles se font transporter en filanzane en toute circonstance, et ne sortent guère à pied; les roturières n'ont ce privilège que lorsqu'elles sont malades ou suivent un enterrement.

L'homme noble peut choisir sa femme dans quelque condition libre que ce soit; mais les enfants suivent la condition de leur mère. Quant aux femmes nobles qui épousent des roturiers, elles perdent leur rang, sont déshéritées et répudiées par leurs familles, qui ne leur accordent même plus de place dans le tombeau commun.

Les roturiers occupent depuis le règne de Ranavalo, beaucoup plus de hautes charges de l'État ; mais la bourgeoisie en corps n'a ni pouvoir, ni influence. On ne peut pas anoblir un roturier, bien que des souverains absolus aient quelquefois violé cette interdiction.

Quoiqu'il n'y ait pas de classes dans les rangs de la bourgeoisie, il y a cependant des familles privilégiés, qui jouissent de fonctions ou de droits transmis par héritage ; il y en a d'autres dont les membres ne peuvent être condamnés à mort, mais qu'on peut exiler dans les lieux les plus malsains de l'île.

Les esclaves se partagent en deux grandes classes : les esclaves du roi et ceux des particuliers. Les premiers se divisent en Malgaches et en noirs ; les Malgaches ont les fonctions d'écuyers, de pages, de valets de chambre, et peuvent épouser des femmes libres ; les noirs servent dans la garde ou dans l'armée ; il y en a qui sont officiers du palais, d'autres occupent des emplois civils. Ils ne peuvent se marier qu'entre eux ou avec des esclaves de particuliers.

Chez les Hovas, ce ne sont pas seulement les captifs de guerre ou les tribus soumises par la force qui sont condamnés à l'esclavage. Il n'est pas rare de voir des familles hovas elles-mêmes devenues esclaves, parce qu'un de leurs membres a été accusé d'une faute ; la même chose peut arriver à un village, à une caste, à une population entière pour un seul individu condamné à tort ou à raison.

La législation des Hovas, confuse et obscure, rappelle les vieilles lois franques. L'absence de code, par conséquent de Droit civil, laisse une part énorme à l'arbitraire des juges, ce qui est dangereux chez un peuple aussi cupide.

La justice est rendue au nom du souverain par les *Andriambavents* nommés par lui ; seulement, dans les cas graves, les jugements doivent être sanctionnés par le roi.

Toutes les transactions ou marchés se font en présence de ces magistrats, et deviennent obligatoires quand on a offert au roi ou au magistrat le *hasina* ou pièce d'argent, que l'on se hâte de donner pour ne pas laisser à son adversaire le temps de revenir sur le marché ou d'attaquer la sentence.

Lorsqu'un Hova a quelque contestation avec un autre, ou bien quelque crime à dénoncer, il demande au juge la zagaie *stitia lenga* (qui n'aime pas le mensonge). C'est une zagaie en argent qui ne se déplace qu'avec l'autorisation du souverain ou du premier ministre. Trois personnes vont la chercher, et, à son arrivée devant la porte de l'accusé, le principal des trois porteurs fait connaître à celui-ci le jour où il aura à se présenter devant les juges si le délit est simple; si l'accusation est grave, on le garrotte et on l'emmène sur-le-champ.

Les jugements se rendent en plein air, devant tout le monde.

Autrefois, on pratiquait l'épreuve du tanghin, correspondant à ce que l'on nommait, au moyen âge, le jugement de Dieu.

Pour reconnaître la culpabilité de l'accusé ou son innocence, les juges lui faisaient boire l'extrait de l'amande du fruit de l'arbre appelé *tanghin* (*tanguina veneniflora*), poison violent dont les effets sont très rapides.

Le tanghin ressemble à s'y méprendre, par son port, son écorce et sa couleur, au *frangipanier;* sa tige et ses branches latérales renferment un suc laiteux d'une abondance extraordinaire, épais et caustique, qui tache et brûle ce qu'il touche. Le fruit est de la grosseur et de la forme d'une poire.

Un grand nombre de supplices sont en vigueur chez les Hovas.

Parfois le patient est enterré vif jusqu'au cou, et condamné à rester en cet état jusqu'à ce qu'une mort lente vienne terminer cette épouvantable torture.

D'autres fois on creuse un trou profond dans la terre. Le condamné y est précipité, les mains attachées derrière le dos, et on verse sur sa tête des chaudières d'eau bouillante, jusqu'à ce qu'il expire. Ce supplice est accompagné d'un raffinement de barbarie que le génie du mal a pu seul inventer ; il doit être préparé et exécuté par la famille même de la victime; de sorte que c'est le père et la mère, le fils et la fille, le frère et la sœur, qui allument le feu, font chauffer l'eau et la versent sur la tête de leur parent.

Le supplice du bûcher est ordinairement réservé aux soldats.

La lapidation s'exerce d'une façon ingénieuse : la victime est cousue dans une natte; on l'attache ensuite à un poteau bifurqué à sa partie supérieure; la tête est prise entre deux branches du poteau, et le patient reçoit une grêle de pierres qui ne tardent pas à mettre fin à ses souffrances et à sa vie.

La polygamie est permise, mais elle est assez rare; elle n'a pas raison d'être, d'ailleurs, dans un pays où les liens du mariage sont peu respectés, et où les jeunes filles sont absolument libres de leurs corps. La pudeur et la jalousie sont deux sentiments fort peu développés chez les Malgaches de tout sexe et de tout rang; ils poussent fort loin la licence des mœurs, mais naïvement, et sans avoir, en quelque sorte, la conscience des devoirs qu'ils violent en se livrant à tous leurs instincts.

Le mariage se fait très simplement : l'homme et la femme, accompagnés de leurs parents, se rendent chez le juge, ou chez le chef du village, auquel ils déclarent leur intention ; ils lui remettent le *hasina* et le mariage est conclu. Le divorce est facultatif pour le mari seulement. Pour le faire prononcer, celui-ci se présente chez le magistrat qui l'a marié, en déclarant qu'il bannit sa femme ou qu'il lui rend la liberté, et il paye une seconde fois le *hasina*. D'après l'usage du pays, il a douze jours pour revenir sur sa détermination. Si, dans les douze jours, il ne reprend pas sa femme, celle-ci est libre de se remarier.

Lorsqu'il y a plusieurs femmes, l'épouse principale porte le nom de Vadi-Bé (femme grande); elle a sa case et des privilèges particuliers ; toutes les autres vivent sans distinction entre elles, et se désignent sous le nom de Vadi-Kéli (femme petite).

Le caractère doux et sociable des Malgaches et l'absence de jalousie, qui est un de leurs traits distinctifs, résistent à toutes les causes qui tendent à relâcher les liens de la famille ; ils vivent généralement unis dans leur intérieur ; ils ont le plus grand soin de leurs enfants en bas âge, et leur témoignent une tendresse que ceux-ci leur rendent plus tard par déférence.

D'après une coutume touchante, très répandue à Madagascar, les enfants adultes doivent, dans les principales circonstances de leur vie, offrir à leur mère une pièce de monnaie en souvenir du temps où elle les portait sur son dos sans jamais s'en séparer ; c'est le *foufoun damousi*, « souvenir du dos ».

« Dans tout Madagascar, écrit Mme Pfeiffer, mais surtout à la cour, on est habitué, pour les affaires les plus importantes comme les plus insignifiantes, à consulter le *sikidi* (l'oracle). Cela se fait de la manière suivante, qui est extrêmement simple : on mêle une certaine quantité de fèves et de cailloux ensemble, et, d'après les figures qui se forment, les personnes douées de ce talent (les *ampisikidis*) prédisent une bonne ou mauvaise fortune...

« Il y a peu d'années encore qu'on consultait le *sikidi* à la naissance d'un enfant, pour savoir s'il était venu au monde dans un moment favorable. Quand la réponse était négative, on plaçait le pauvre enfant au milieu d'un des chemins suivis par les grands troupeaux de bœufs. Si les bêtes passaient avec circonspection près de l'enfant sans le blesser, le charme était rompu et l'enfant rapporté en triomphe à la maison paternelle. Il n'y avait naturellement que peu d'enfants assez heureux pour sortir sains et saufs de cette dangereuse épreuve : la plupart y perdaient la vie. »

Les parents, peu soucieux de soumettre leurs enfants à cette épreuve, se contentaient de les exposer, surtout quand c'étaient des filles, sans plus s'en inquiéter.

« A Madagascar, dit M. Leguével de Lacombe, la naissance des filles ne donne lieu à aucune réjouissance. Si c'est un garçon, l'allégresse est générale, après toutefois que les parents ont consulté *l'ombiache*, astrologue et médecin qui décide s'il doit vivre ou mourir ; car s'il était né dans une heure ou un jour réputés malheureux, il serait ou précipité dans une rivière, ou exposé dans une forêt ou enterré vivant. Le père du nouveau-né, entouré de ses proches et amis, et aidé par un *ombiache*, plante en terre sa plus belle zagaie ornée de guirlandes de feuillage à la tête de la natte où l'enfant repose ; *l'ombiache* s'en approche avec son *mampila*, tire l'horoscope, et la famille attend avec anxiété le résultat de ses calculs cabalistiques.

« Le *mampila* est une planchette avec des bords peu élevés, divisée en quatre compartiments de diverses couleurs, par des lignes qui vont d'un angle à l'autre ; elle est couverte d'une légère couche de sable fin, sur laquelle *l'ombiache* trace des caractères arabes en murmurant des paroles mystiques, parmi lesquelles revient souvent le mot *zan*, enfant. Cependant on suspend au cou du nouveau-né des *fanfoudis* pour le préserver des *mouchanes* que les agents du mauvais génie devaient répandre autour de sa natte. Si l'arrêt de *l'ombiache* est favorable, tous les assistants sont invités à un banquet, que terminent des danses guerrières ou *mitava*. »

Cette coutume, qui faisait périr chaque année un grand nombre d'enfants, a fini par être interdite par la reine Ranavalo.

C'est peut-être la seule loi philanthophique qu'ait établie cette cruelle princesse.

L'exposition des enfants a lieu de la manière suivante : On porte la petite créature sur la plage, au moment où le flot va monter, et on l'abandonne à la vague ; ou bien on l'expose au bord d'un fleuve pour être la pâture des caïmans, si communs à Madagascar ; ou enfin on la couche dans une fosse ouverte.

Il y a des jours néfastes pour les naissances (sur la côte ouest, c'est le mardi et le vendredi). Les enfants nés ces jours-là doivent être exposés.

En outre, s'ils ont quelque difformité corporelle, ou même si leur naissance n'a pas lieu dans certaines conditions, c'est un enfant qui porterait malheur à la famille ou au village, et qu'il faut abandonner.

Si le père ou la mère tombe malade, si on redoute quelque calamité pour la famille et pour le village, et si le devin déclare que c'est tel nouveau-né ou tel enfant, fût-il âgé de quatre ou cinq ans, qui porte malheur, on sacrifie le petit innocent.

En plusieurs endroits, une femme vient-elle à succomber à la suite de ses couches, le nouveau-né est attaché sur le sein glacé de sa mère, et enterré tout vivant avec elle, parce qu'il est censé avoir causé sa mort.

Pour tout Malgache, un blanc est un être supérieur auquel rien n'est impossible, et cette supériorité excite chez les Hovas, qui ne peuvent la nier, un sentiment d'envie et même de haine qui ne cède qu'à la cupidité.

Ils sont très avares et aiment l'or et l'argent, qu'ils enfouissent au milieu des champs ou autour de leurs habitations. La circulation monétaire est réduite au plus strict nécessaire.

Les seules monnaies admises à Madagascar sont la piastre d'argent espagnole et l'écu, ou pièce française de cinq francs.

Pour payer les petites dépenses de chaque jour avec cette unique monnaie, d'une valeur relativement forte, on s'est avisé d'un procédé aussi ingénieux que primitif et qui permet de tirer d'un seul étalon monétaire toutes les subdivisions possibles. On coupe la pièce de cinq francs en morceaux, et, en échange de la chose achetée, on donne le poids d'argent convenu. A cet effet, les indigènes portent toujours avec eux une petite balance, pour peser les fragments de monnaie, car les

Malgaches, et surtout les Hovas, sont très défiants en affaires.

Les marchés du vendredi impriment à la capitale une activité et un mouvement remarquables.

Tout se trouve dans un bazar situé dans un faubourg de l'ouest : étoffes du pays, cotonnades anglaises et américaines, indiennes, bétail, volailles, œufs, riz ferblanterie et quincaillerie indigènes, nattes, paniers, citrons, oranges, ananas, pistaches, maïs, manioc.

Toutes ces marchandises sont pêle-mêle étalées par terre : la viande est posée sur des feuilles de bananier ou des nattes, à côté des chapeaux de paille, des couteaux, des bêches, du tabac, du rhum, de l'arack.

Les changeurs se tiennent sur le seuil des portes, où on les voit occupés à couper les dollars et les piastres qu'ils partagent avec un gros couteau et un marteau.

Au bazar c'est une cohue impénétrable, où, cependant, on voit rarement des disputes ou des rixes.

Le vêtement des Malgaches est, pour les hommes, le *lamba* ou *sim'bou :* c'est une pièce d'étoffe généralement blanche, d'environ quatre aunes de long sur trois de large. Ils s'en drapent assez gracieusement à la manière des Grecs et des Romains, ou le portent roulé en ceinture autour du *seidick* ou *sadik*, pièce de toile large d'une demi-aune et longue d'une aune, négligemment attachée autour des reins, dont les deux bouts sont ramenés entre les jambes, et qu'ils laissent pendre l'un en avant, l'autre en arrière, après les avoir fixés dans les plis de la ceinture, mais sans dépasser le genou.

Les femmes portent également le *seidick* et le *sim'bou* mais elles se revêtent d'une espèce de corsage étroit ou canezou, dont les manches descendent jusqu'aux poignets. Le sim'bou se porte comme un châle.

Les cheveux des femmes sont nattés en un grand nombre de petites tresses, vingt-cinq à trente environ, et les tresses, roulées en paquets qui, de loin, ressemblent à des nattes. Elles les enduisent de graisse ou d'huile de coco, qui leur fait exhaler une odeur nauséabonde.

Beaucoup portent le *satouk*, coiffure commune aux deux sexes et ressemblant à un bonnet d'avocat.

Ce sont des toquee en joncs plus large que la tête, et dont on ne se coiffe guère que pour se préserver du soleil.

Les riches et les élégantes portent aux oreilles de grands anneaux d'or et des colliers en cheveux qui viennent de Bourbon et de Maurice, et des *bokhs* ou broches en or de la dimension d'un écu, qu'on place sur le devant du canezou et sur une ligne verticale.

Le costume national tend à disparaître de jour en jour. La plupart des femmes d'un certain rang ne sortent plus qu'habillées ou plutôt déguisées à l'européenne.

C'est un spectacle grotesque que de les voir, avec une coquetterie ridicule, porter des crinolines, encore en faveur aujourd'hui, ou des cages. Peu leur importe que leur peau passe entre la jupe et le corsage.

Les hommes, de leur côté, veulent endosser le costume européen ; mais ils ont l'air de mannequins, tandis qu'ils auraient assez bon air sous le *lamba*.

Les uns ont un pantalon et pas d'habit, d'autres une veste, un habit, sans pantalon. Ceux qui ont les deux ne savent pas les porter, et les officiers même, avec leurs costumes bariolés et chamarrés de broderies d'or et d'argent, ressemblent à des saltimbanques.

Le peuple et les esclaves seuls conservent le costume national. Mais beaucoup même portent aujourd'hui des chapeaux de paille, des coiffures de fantaisie ou des casquettes, voire des képis.

A la cour de Madagascar, depuis 1874, toutes les personnes qui approchent de la reine doivent s'habiller à la *vazaka* (à l'européenne).

Les Malgaches mangent avec de petites cuillers en corne de bœuf, ou des coupes et des cuillers faites en feuilles de ravenal. Ils boivent énormément de liqueurs fortes.

Quand l'heure du repas est arrivée, c'est-à-dire à midi et après le coucher du soleil, le riz en paille est retiré de la fosse où on le conserve et mis dans le mortier (*laona*) pour être pilé ou dépouillé de son écorce. Le *fanoso* ou pilon est un gros bâton.

C'est aux femmes qu'incombe la tâche de piler le riz. Cette opération étant fort laborieuse, elles serrent leur lamba un peu au-dessous des aisselles.

Lorsque le riz est pilé jusqu'au blanc pour les grands personnages, jusqu'au rouge pour le commun des Malgaches, il est examiné avec soin et débarrassé des petites pierres, puis il est mis dans une marmite (*vilany*) en terre et placée sur un trépied formé de trois pierres. Ce trépied (*toho*) est quelquefois en fer. Généralement, le feu est alimenté au moyen d'herbes sèches (*bizaka*). A défaut d'herbes, on emploie de la paille. Les riches seuls font usage du bois (*hazo*).

La cuisine se fait dans la case même. Il n'existe pas de cheminée. La fumée sort par la porte ou par la fenêtre. Assez souvent la case malgache est divisée en deux compartiments, l'un au nord, l'autre au midi. Dans ce cas, c'est le compartiment du midi qui sert de cuisine.

Les Malgaches aiment le bœuf avec passion et le dévorent avec gloutonnerie. Ils mangent la viande avec la peau, qu'ils font rissoler quand ils ne la font pas frire à part. Mais le morceau de choix, celui auquel il est interdit de toucher sous des peines sévères, à moins d'être prince, noble ou chef représentant l'autorité royale, c'est la partie de la croupe qui avoisine la queue et que, dans le pays, on appelle la *queue du bœuf*.

La vieille loi du pays porte que :

« Une amende de dix piastres sera frappée sur ceux qui mangent la queue du bœuf sans y avoir droit. »

Ailleurs elle dit :

« Si un noble placé sur une terre du domaine royal, où sont les tombeaux de ses ancêtres, use des privilèges d'un seigneur dans sa seigneurie... s'il se fait servir la queue des bœufs tués, etc..., il sera chassé de là et ne pourra plus y demeurer ; néanmoins, il y aura sa sépulture, parce que les tombeaux de sa famille sont là. »

Les Malgaches arrosent leur repas d'une liqueur faite avec du jus de canne fermenté et dont le nom est *betsa-betsa*.

L'usage de l'écriture était peu répandu chez les Malgaches il y a une vingtaine d'années à peine ; il existait pourtant, et la Bibliothèque nationale possède quelques-uns des manuscrits madécasses.

Avant l'introduction de nos caractères latins, l'écriture arabe était la seule usitée. L'usage d'une écriture étrangère a réagi sur la langue. En passant par l'alphabet arabe, le malgache a laissé perdre des prononciations que ce caractère ne pouvait représenter, tandis qu'il a été forcé d'en grouper plusieurs sous un même signe. De plus, l'écriture malgache se trouve altérée par les caractères graphiques dont on se sert, et la matière sur laquelle elle est tracée, l'écorce de l'avo.

La littérature nationale des Malgaches se compose de chansons, de proverbes, de fables assez puériles, de légendes dont certaines familles ont de grandes collections qui pourraient être fort utiles pour l'histoire de l'île.

Ils ont enfin des traités sur l'astronomie et la médecine, sciences dont la connaissance a été apportée dans l'île, antérieurement à l'hégire, par les docteurs kabbalistes venus de Mascate.

La langue malgache est remarquable par son harmonie comme par la multiplicité de ses synonymes exprimant les nuances de la pensée. C'est la même abondance de voyelles sonores qu'on retrouve dans le malais des îles de la Sonde.

Voici, à titre de curiosité linguistique, un fragment d'une lettre que le prince Rakoute (Radama II) écrivait au R. P. Jouen :

« *Veloma sy finaritra notachin And^{ra}, anie hianao sy mpianahavinao ho tanteraka, no ambing ri*

And^{tra} anie, izao fikiasana nataou deikia zao niha ahafaka ny olon-ory sy ny olomahautra. »

Ce qui signifie en français :

« Vivez heureux ; que Dieu vous bénisse, vous et
« tous vos pères. Puisse ce projet que nous avons
« formé s'effectuer pour délivrer ce peuple malheureux.
« Voilà ce que je dis. »

Le 24 juin est, dans le calendrier madécasse, le premier jour de l'année. Ce jour se passe à peu près comme notre 1ᵉʳ janvier : les indigènes se font entre eux des visites et des cadeaux, et les subordonnés vont présenter leurs hommages à leurs supérieurs.

En outre, le bain est, ce jour-là, de rigueur, et le soir, des feux sont allumés partout devant les habitations.

Cette fête s'appelle *Fête du Bain royal*.

A cette occasion, Ranavalo avait coutume de réunir dans une grande salle de son palais tous les hauts personnages de la cour. Placée derrière un rideau, elle se déshabillait et se faisait couvrir d'eau. Une fois rhabillée, elle s'avançait, tenant à la main une corne de bœuf contenant un peu de l'eau qu'on avait jetée sur elle ; elle en répandait une partie sur ses nobles invités ; puis, se rendant dans la galerie qui domine la cour du palais, elle versait le reste de l'eau sur les soldats rangés dans cette cour.

Au 5 janvier a lieu le *fandroana*, c'est-à-dire la fête du peuple ; on égorge beaucoup de bœufs, et on les mange en souvenir d'un si beau jour.

A l'occasion du *fandroana*, les Européens ont, selon l'usage, l'honneur de présenter le *hasina* à la reine, c'est-à-dire de lui faire hommage d'une pièce de cinq francs pour attester leur soumission à son pouvoir. Elle est sur son trône, vêtue d'une robe de soie jaune et drapée dans un lamba blanc. Sa cour l'entoure, et le premier ministre se tient debout à sa gauche.

Les Malgaches aiment le tabac, mais ils ne le prisent, ni ne le fument, et voici comment, au dire du Révérend Ellis, ils satisfont leur goût pour une substance qui ressemble à du tabac à priser, composition indigène dans laquelle, outre la feuille du tabac pulvérisé il entre d'autres ingrédiens, tel que du sel et les cendres d'une herbe du pays. Ce mélange se vend régulièrement sur les marchés (1).

« La suite de chaque chef ou officier de quelque

---

(1) Il porte le nom de *houtchouo*.

rang comprend un individu spécialement chargé de porter ce que nous pourrions appeler la « tabatière du maître ». Ceux des officiers qui sont attachés au service d'un supérieur ou qui ne sont pas accompagnés de leurs esclaves portent ce petit meuble dans une partie de leur vêtement, souvent accroché à la ceinture et caché sous les plis de leur *lamba* ; et, plus d'une fois, il nous arriva de rencontrer un voyageur presque complètement nu, ayant sa tabatière pendue au cou. Lors de notre première entrevue avec le chef chez lequel nous étions en ce moment, chaque fois qu'il désirait user de l'agréable stimulant, l'esclave, qui se tenait ordinairement accroupi derrière lui, présentait un petit bambou creux de dix à douze pouces de long et de moins d'un pouce de diamètre, parfaitement poli et orné d'anneaux. Au bout de ce tube était ajusté un morceau circulaire de canne ou de bois attaché à un long gland de soie. Quand l'esclave avait ôté ce bouchon ou couvercle, le chef prenait le tube, se versait une légère quantité de poudre, environ une demi-cuillerée à café dans la paume de la main ; puis, par un mouvement rapide et plein d'adresse, il faisait passer le tabac sur sa langue, sans que ni la main ni son couteau effleurassent seulement ses lèvres. Je ne me rappelle pas avoir jamais vu d'indigène fumer ; mais ce mode que je viens de décrire d'employer le tabac est général ; et, bien que certaines personnes aient une manière différente de se le mettre dans la bouche, l'habitude est de se le lancer sur la langue comme je viens de l'expliquer. »

A côté des révoltantes coutumes, il en est une qui fait honneur aux Madécasses, et qui rappelle la fraternité d'armes des anciens chevaliers : c'est le *serment du sang*.

Voici en quels termes un voyageur raconte une de ces cérémonies : — la scène se passait dans un village de la province de Bétaniména, sur la côte orientale de l'île :

« Un vieillard presque septuagénaire, ancien ministre du chef d'Andevorante, remplissait les fonctions de prêtre et de magistrat. Il prit dans son *seidik* un rasoir et deux petits morceaux de *sakarivo* (gingembre), une balle, une pierre à fusil et du riz en herbe, puis il mêla à tous ces objets quelques grains de poudre qu'il prit dans sa corne de chasse. Après avoir déposé sur la natte qui couvrait le plancher le rasoir et le gingembre, il mit le reste dans un bassin d'eau limpide qu'un esclave venait d'apporter. Prenant ensuite deux sagaies des mains d'un officier du chef, il plongea la plus grande dans le bassin, et l'appuya au fond du vase. Il se servit de l'autre sagaie pour frapper sur le fer de la première, comme les nègres sur un tam-tam, en prononçant la formule du serment. Il me demanda plusieurs fois, ainsi qu'à mon futur parent, si je promettais de remplir tous les engagements que ce serment m'imposait. Sur notre réponse affirmative, il nous prévint que les plus grands malheurs retomberaient sur nous, si nous venions à y manquer. Puis il prononça les conjurations les plus terribles en évoquant *Angatet*, le mauvais génie. Ses yeux s'animèrent par degré et prirent une expression surnaturelle lorsqu'il nous dit d'une voix sonore et fortement accentuée : « Que le caïman vous dévore la langue » — (*alela-vouai!*), imprécation très commune dans la langue des Malgaches ; ils la font suivre ordinairement du mot *hafiri* (juron qui paraît avoir été importé par les Arabes) : — « que vos enfants soient déchirés par les chiens des « forêts ; que toutes les sources se tarissent pour vous, « et que vos corps, abandonnés aux *vouroundoules* « (effraies), soient privés de sépulture, si vous vous « parjurez. »

« Cette première partie de la cérémonie terminée, le vieillard fit à chacun de nous une petite incision au-dessus du creux de l'estomac, imbiba les deux morceaux de gingembre du sang qui en coulait, et donna à avaler à chacun de nous celui qui contenait le sang de son frère. Il nous fit boire aussitôt après, dans une feuille de ravenala, une petite quantité d'eau qu'il avait préparée. En sortant pour nous rendre à un banquet de rigueur, servi sur le gazon, nous reçûmes les félicitations de la foule qui nous entourait. »

On a écrit que les Malgaches étaient idolâtres, mais leur religion semble plutôt un fétichisme qu'un polythéisme proprement dit. Les *fanfaody*, les *aoly*, les *sikidy*, qui correspondent aux *gris-gris* des nègres de l'Afrique centrale, appellent leur dieu unique *Zanahary*, celui qui a créé. Ils le nomment aussi *Andriana-Zanahary*, le seigneur qui a eu la puissance de créer, ou *Andriamanitra*, le souverain maître des parfums.

Ils admettent qu'il est tout-puissant, au-dessus de toutes choses, souverainement indépendant, et ne savent s'il a eu une origine.

Ils prient Zanahary et lui offrent, tantôt un bœuf blanc présenté sans être immolé, tantôt une victime, bœuf ou poule, tantôt une mesure de riz ; mais ils ne prient que lorsqu'ils ont quelque chose à demander.

Il n'y a ni prêtres, ni sacrificateurs chez les Malgaches, ce sont les chefs de la tribu ou de la famille qui remplissent ces fonctions.

J'ai eu la curiosité d'assister à un sacrifice à Zanahary.

Le chef de la tribu, ou *ampanjanra*, immola un bœuf sur une natte en présence de toute la population groupée autour de lui ; les femmes étaient exclues de la réunion.

Deux cassolettes remplies d'encens fumaient devant la victime, tandis qu'un orateur modulait un récitatif à voix basse. Les spectateurs se couvrirent le visage pour exprimer le recueillement. Puis on dépeça le bœuf et chacun en emporta sa part.

La simple offrande des poules et du riz cuit est beaucoup plus fréquente, et se fait pour obtenir la guérison d'un malade, le succès d'une expédition, une faveur quelconque.

On trouve à Madagascar, chez les peuplades de la côte, la croyance au démon.

Les *loloratze* (mânes pervers), les *angodratzi* (méchants esprits), sont pour eux des espèces de vampires, des revenants cherchant à nuire aux vivants. Il existe une classe d'hommes qu'on croit doués d'un pouvoir surnaturel : ce sont les *mososas* ou sorciers, qui sont en rapport avec le démon ; les Hovas appellent ce dernier Ramahavaly ou Rambololo.

Les *mososas* ont des amulettes et des talismans qui préservent des accidents ou rendent invulnérable à la guerre ; ils font le commerce de *fanfaody* et d'*aoly*, remèdes et amulettes que l'on porte au cou dans un petit sachet de cuir.

C'est tantôt une balle enchantée, tantôt une tête de

petit caïman soutenue par un chapelet de perles, ou bien une figure grossièrement taillée.

Tous les Malgaches idolâtres en portent une collection.

Les Malgaches sont d'ailleurs bien plus disposés à rendre hommage aux êtres qu'ils supposent pouvoir leur nuire qu'à ceux dont ils n'attendent que des bienfaits. Ils croient à certains jours heureux ou néfastes. Les augures sont chez eux en grande faveur ; les devins qui exploitent cette industrie sont désignés sous le nom d'*ombiasses* et d'*ampisihida*.

La manière de consulter l'oracle est extrêmement simple : on mêle une certaine quantité de fèves ou de cailloux ensemble, et, d'après des figures qui se forment, on prédit la bonne ou la mauvaise fortune.

Il existe aussi à Madagascar un usage qui rappelle le *tabou* océanien.

Le chef d'un village déclare *fadi* un objet, qui devient alors sacré ou interdit. Le travail est *fadi* pendant la durée des funérailles d'un chef. Quand un arbre est déclaré *fadi*, on ne peut en arracher une feuille sans commettre un crime.

Il existe à Madagascar une coutume assez singulière, c'est celle de la confession publique. C'est une institution en vertu de laquelle, de temps en temps, tout individu coupable de quelque méfait est obligé de se dénoncer lui-même. On lui promet que, s'il se confesse au juge, sa punition n'ira pas jusqu'à la mort; mais, s'il est accusé par d'autres, il subira la peine capitale.

Chacun doit dénoncer les coupables, fussent-ils de sa propre famille, même ses plus proches parents. C'est une prime d'encouragement accordée aux plus mauvaises passions.

Les cérémonies funèbres sont empreintes d'un caractère étrange et grandiose.

Les Hovas ne se servent pas de cercueils; ils enveloppent les morts dans des pièces de soie écrue du pays, dont le nombre varie selon la fortune, et les placent dans cet état sur des tables de pierre disposées dans des caveaux. Il n'y a que les membres de la famille royale qui soient renfermés dans des cercueils.

Les cheveux en désordre et des vêtements négligés, tel est, pour les Malgaches, le costume de grand deuil.

Quand la mort vient frapper à la porte d'une grande famille, à l'instant, parents et esclaves dénouent les tresses de leur énorme chevelure.

C'est un spectacle saisissant que la vue de tous ces gens, les cheveux épars, accroupis dans la maison ou dans la cour du défunt.

Avant ou après l'enterrement, la famille est visitée par tous les parents et par tous les amis. On offre à la veuve un morceau d'argent ; c'est ce qu'on appelle *fao-drano-maso* (essuie-larmes).

La durée du grand deuil varie selon le degré de parenté et selon le degré d'affection des survivants.

Un mois de profonde tristesse paraît suffisant pour pleurer un père, une mère, une épouse ou un fils. Il n'y a pas de couleur particulière affectée aux vêtements de deuil.

Lorsque touche à sa fin l'époque du grand deuil, les cheveux sont réunis en un faisceau qui descend jusqu'au milieu des épaules. C'est le petit deuil.

On peut, dans cet état, se présenter partout, tandis qu'une personne en grand deuil n'oserait sortir de sa case.

En l'absence de la reine, les enterrements solennels et le grand deuil sont défendus.

Pour les sépultures communes, le corps est mis dans une fosse au-dessus de laquelle on élève un amas de pierres ou de terre, ou bien on dispose autour de la fosse des pierres plates, l'on marque la place de la tête par une pierre plus haute.

Les cimetières sont appelés tanimanara, « champ du froid ».

Il y a une observation intéressante à relater sur les

tombeaux des Zafimbolamena (petits-fils de l'or) *ou princes sakalaves.*

A sa mort, le prince sakalave devient demi-dieu. Son corps est exposé deux mois dans un camp préparé *ad hoc*. On brûle constamment de l'encens sous la tente où il repose. Le peuple sakalave arrive, de fort loin même, pour faire ses lamentations ; puis le corps du prince est porté dans son *mahabo* (élévation). C'est ainsi qu'on appelle les villages où se trouve la sépulture de quelque famille Zafimbolamena.

Les ombres des morts exercent un grand empire sur l'imagination des Malgaches.

Sur la côte occidentale, les revenants habitent leurs sépulcres et les environs. On les qualifie de « mauvais ». Aussi les vivants redoutent-ils le voisinage des tombeaux. Les cimetières sont relégués loin des villages, et l'on ne s'en approche que par nécessité et après force conjurations.

Dans la province de l'Emirne, cette crainte superstitieuse du Sakalave et du Betsimitsara pour les trépassés n'existe plus.

Les habitations des morts sont mêlées à celles des vivants, ou, tout au moins, se trouvent dans les lieux les plus fréquentés. Tananarive, aussi bien que les autres villes et bourgades, en renferme un grand nombre.

Le corps des défunts Hovas est entouré d'autant de *lambas* précieux que la famille peut en fournir.

Au-dessus du caveau est le monument extérieur. C'est un rectangle dont les murs sont en petites pierres plates, entremêlées de pierres un peu plus grandes, plantées debout et formant des dessins. L'intérieur est rempli de terre, un petit trottoir entoure le tout.

Je ne saurais passer sous silence la cérémonie du mamadika. Elle consiste à retourner le cadavre comme on retournerait sur son lit un malade fatigué, et à l'envelopper de nouveau de plusieurs toiles précieuses.

Cette cérémonie est une fête. La famille, parée de ses plus beaux habits, va au tombeau, musique en tête, et, tout en manipulant les morts, on rit, on chante, on fait beaucoup de démonstrations pour marquer la joie de visiter les défunts et de leur porter quelque soulagement.

Dans les circonstances critiques où le roi veut s'assurer de la fidélité de ses ministres et de ses principaux personnages, il fait prendre de la poussière des tombeaux de ses prédécesseurs que l'on mêle dans une certaine quantité d'eau. Cette boisson, qu'on leur donne en leur faisant prêter serment de fidélité, doit, s'ils deviennent félons, attirer sur eux les vengeances célestes.

Madagascar possède des richesses de toutes sortes que la civilisation saura exploiter par un travail intelligent et qui sont encore imparfaitement connues.

Le fer y est tellement abondant qu'on peut dire, sans exagération, qu'il est répandu dans toute l'île. On a reconnu l'existence de plusieurs mines de plomb et de cuivre dans le pays des Hovas. On y soupçonne la présence de l'argent et même de l'or qui, selon quelques voyageurs, pourraient être facilement exploités.

L'aspect géologique de Madagascar est loin de confirmer une opinion assez accréditée, et d'après laquelle cette île aurait été formée par des soulèvements peu postérieurs à l'époque de la formation de la chaîne de l'Afrique orientale.

L'action ignée a laissé à Madagascar des traces marquées par des volcans éteints et de nombreux rocs basaltiques, tandis que la présence fréquente du quartz et des couches stratiformes dénote l'action aqueuse.

Cette île appartiendrait donc aux terrains de formation mixte ou pluto-neptunienne.

Quoique les forêts aient été détruites sur de vastes espaces, elles sont encore étendues et renferment les essences les plus variées. On y compte quatre-vingt-seize espèces de bois différents, propres à la construction, à l'ébénisterie ou au chauffage.

On y remarque surtout : le bois de fer, le takamaaka,

le bois de teck, le natte, le bois de rose, le baobab, ce géant indien, l'aréquier, le gommier, le tan. Ces forêts, bien exploitées, fourniraient du caoutchouc, de la gomme copal, de la résine, de la cire et peut-être d'autres produits inconnus.

Parmi les produits textiles existant à Madagascar, citons : le chanvre, le coton et la soie; le coton y donne deux récoltes par an à l'état sauvage, et on obtiendrait des résultats satisfaisants si on en propageait la culture.

A mesure qu'on quitte les régions basses et malsaines de Madagascar, on rencontre en abondance ce magnifique et précieux végétal, le *ravenal*, mieux nommé *l'arbre du voyageur*.

Lorsqu'il sort de terre, sa tige est épaisse comme celle du bananier. De son centre partent de longues et larges feuilles superposées sur deux rangs, de manière à former un vaste éventail; chacune d'elles est pourvue d'une longue tige rigide, au bas de laquelle et dans l'angle qu'elle forme en s'écartant du tronc s'accumule l'eau des pluies; cette eau s'y conserve si merveilleusement, que, pendant la sécheresse, l'arbre est un réservoir où le voyageur trouve à étancher sa soif.

Mais, à Madagascar, on pourrait tout aussi bien l'appeler « l'arbre constructeur », car il entre presque seul dans la construction de toutes les maisons de la côte occidentale de l'île. Ses feuilles servent à la toiture ; avec leurs longues tiges on fait les cloisons et même les murs extérieurs ; enfin l'écorce battue du tronc sert de parquet. En outre, la partie verte de la feuille remplace le papier d'emballage pour les paquets, et les indigènes l'emploient encore en guise de nappe, de plats, d'assiettes, etc.

Les bois sont une des plus riches productions de Madagascar. Les essences en sont extrêmement nombreuses. On en compte plus de cent cinquante depuis le colossal baobab, ce géant des tropiques, jusqu'au délié chryscopia, qui s'élance tout droit et d'un seul jet jusqu'à vingt mètres du sol, et peut servir à mâter les plus grands vaisseaux.

On y rencontre un grand nombre d'oiseaux, encore peu connus de nos naturalistes, et parmi lesquels il faut citer : le papango, très commun à Tananarive, oiseau de proie, de couleur brun fauve et ressemblant au vautour ; — le perroquet noir ; — le *cocceyrus ceruleus*, bel oiseau d'un bleu magnifique, nuancé de violet ; — le coucal ; — l'oie bronzée ou cabouka des Malgaches ; — le jacana marron à nuque blanche ; — le plongeon du lac de la reine ; — le souimanga ; — l'ibis huppé ; — plusieurs espèces de martins-pêcheurs.

On ne peut guère parler de l'histoire naturelle de

Madagascar, sans dire un mot de l'*Epiornis maximus* que Flacourt décrit en ces termes :

« Vourounpatra, c'est un grand oiseau qui hante « les Ampatres et fait des œufs comme l'autruche; « c'est une espèce d'autruche. Ceux desdits lieux ne « peuvent les prendre ; il cherche les lieux les plus « déserts. »

Il est donc à présumer que l'épiornis vivait encore du temps de Flacourt, et que les renseignements que celui-ci nous a laissés lui ont été fournis par des individus qui avaient aperçu cet oiseau si curieux, et dont l'existence constitue un des problèmes de l'ornithologie : était-il réellement terrestre, ou, selon l'opinion de quelques savants, était-ce un oiseau dans le genre des pingouins ?

L'entomologie de Madagascar offre une mine des plus riches à exploiter. Les insectes jouent un rôle important dans l'alimentation des indigènes. On a recueilli un certain nombre de coléoptères, de scarabées et de lépidoptères, parmi lesquels le plus beau papillon connu, qu'on nomme à Tananarive le papillon vert doré, à cause des taches transversales vertes et des splendides reflets d'or qui brillent sur ses ailes diaprées de plusieurs couleurs.

De Tamatave à Andévorante s'étend une zone sablonneuse et boisée où les productions lépidoptéralogiques sont assez considérables ; mais dès que l'on pénètre dans l'intérieur, la faune se modifie et s'agrandit considérablement.

Entre autres endroits où les papillons sont abondants, on peut citer la forêt d'Alamazaotra, où l'œil se lasse à les suivre et où l'on trouve en grand nombre les chenilles les plus variées, autant par leurs couleurs que par la disposition des poils dont elles sont revêtues ; ensuite les bois qui couvrent l'intérieur de la chaîne des Ankayes.

Les forêts de Mahadilou et les environs de Maraoumbé renferment aussi beaucoup de lépidoptères, surtout le beau papillon bleu, appelé *Radama*.

Dès que le soleil éclate dans sa violence tropicale, la forêt, le sentier, le lit du torrent, se peuplent de papillons aux vives couleurs, au vol léger, qui se livrent à tous les ébats d'une joie folle, se recherchant, se fuyant, se poursuivant et tourbillonnant dans les airs comme des flocons de neige colorée.

Les Hovas ont naturalisé à Tananarive le mûrier et le ver à soie de la Chine ; ils en font un objet d'industrie et de commerce susceptible d'un grand développement.

Mais la soie destinée à devenir la plus abondante dans l'île est celle qu'ils nomment *landy*, et qu'ils retirent de la chenille de l'ambrevatte ; elle est lourde, sans brillant, mais extrêmement forte. Elle sert à tisser une étoffe d'une solidité remarquable ; on assure que les pièces de cette soie, exhumées, depuis des siècles, des tombeaux où elles enveloppaient les morts, n'avaient rien perdu de leur solidité.

Les Hovas ne dévident pas le cocon, ils le cardent et le filent, après l'avoir fait bouillir pour enlever tous les poils, dont la chenille, en se dépouillant, hérisse son linceul. La soie est d'un gris clair, mais on la teint souvent; le rocou et le natte donnent le rouge ; le safran le jaune; l'indigo le bleu; le safran et l'indigo le vert; pour obtenir le brun, on enfouit la soie dans les marais, et la vase lui donne sa couleur.

Si on ne trouve à Madagascar aucun des grands pachydermes qui peuplent le continent africain, éléphants, rhinocéros, hippopotames; si les lions et les tigres n'y prennent point leurs ébats, comme dans les jungles de l'Inde ou les rochers de la Libye, on y rencontre cependant de nombreux animaux particuliers au pays.

Les bêtes féroces y sont rares, excepté pourtant le chat-tigre et le chat sauvage qui y abondent.

Les grimpeurs sont nombreux, et on en trouve de charmants, entre autres celui que les Malgaches et les créoles ont appelé maque ou maki : le poil fauve, rayé ou bigarré de gris ou de blanc, fait une fourrure superbe, et l'agilité de cet animal ne peut se comparer qu'à la célérité et à la légèreté de l'écureuil, mais il est plus gros, et il y en a de différentes espèces : sa taille est à peu près celle d'un jeune singe.

Les singes proprement dits n'existent pas à Madagascar : c'est une preuve de plus en faveur de l'opinion qui attribue à cette île une formation indépendante de celle du continent africain.

Les animaux qui se rapprochent le plus des singes sont des animaux du genre *indri*, connus dans le pays sous le nom de *babacoutes* et de *simépounes*. Le *maki* n'est qu'un lémurien ou singe make. La forêt d'Alamazaotra paraît être l'habitation de prédilection des *indris*. Lorsqu'on la traverse, on entend retentir dans ses profondeurs des cris lamentables, pareils à des voix humaines mêlées de hurlements.

Le simépoune ne diffère du *babacoute* que par sa couleur d'un blanc jaunâtre, par ses oreilles complètement nues, et par sa queue qui est un peu plus longue.

C'est sans doute du *babacoute* que Flacourt parle quand il donne la description d'un animal à tête ronde et à face humaine, qui a les pieds de devant et de derrière comme ceux du singe, le poil frisé et la queue courte.

C'est un animal fort solitaire ; les gens du pays en ont grand'peur.

Parmi les poissons on en cite plusieurs dont la morsure est quelquefois fatale.

Un des animaux les plus redoutés des Malgaches est une grosse araignée noire, appelée kouka; elle atteint presque la grosseur des petits crabes connus dans l'Inde sous le nom de tourlourous ; elle est velue et a trois taches jaunâtres sur le dos ; elle ne se trouve heureusement que dans les forêts les moins fréquentées. Sa piqûre est généralement mortelle, car les Malgaches ne connaissent pas d'antidote à son venin.

Une autre, plus petite, est également venimeuse; on la nomme *manavoudi*, ou *cul-rouge*.

Si redoutables et redoutés que soient les caïmans, ce ne sont pas eux que les bouviers craignent le plus, quand ils sont forcés de faire traverser l'eau par les troupeaux. Il y a dans l'Yvoudrou une sorte de poulpe gélatineux, à peu près transparent et invisible dans l'eau, qui s'attache aux animaux et aux hommes, et se développe sur eux au point de les entourer complètement et de les étouffer, si on n'arrache immédiatement cette pellicule blanchâtre, espèce de tunique de Nessus qui se colle à la peau et brûle comme un vésicatoire tous les points avec lesquels elle a été en contact.

Quant aux serpents, l'espèce en est aussi variée qu'abondante ; les plus gros n'ont pas de venin ; ils rendent des services en détruisant les rats qui sont un des grands inconvénients du pays, où ils causent souvent de grands dégâts.

Les Madécasses ont une terreur superstitieuse des serpents, des crocodiles et des autres reptiles dangereux ; ils évitent avec soin, non seulement de les tuer, mais même de leur être désagréables, dans la crainte de futures représailles.

LES FRANÇAIS A MADAGASCAR

A Alfred Rastoul.

TANANARIVE.

LES FRANÇAIS A MADAGASCAR

(1667-1880)

NOTES HISTORIQUES

L'île de Madagascar fut découverte en 1506 par Fernando Suarez, commandant d'une flottille portugaise, qui revenait des Indes occidentales et qui y fut jetée par une tempête violente.

Quelques mois plus tard, Tristan d'Acunha, autre navigateur portugais, y abordait à son tour et dans les mêmes circonstances. Après les Portugais vinrent les Anglais et les Hollandais, qui, cependant, ne firent dans l'île aucun établissement sérieux.

Les premiers de tous les Européens, les Français, qui venaient de planter leur drapeau à l'île Bourbon et à l'île de France, comprirent l'importance de cette grande terre, et songèrent à s'y établir solidement. En

1637, des lettres patentes du cardinal de Richelieu donnèrent le privilège et le monopole du commerce exclusif de l'île de Madagascar et des îles adjacentes à la compagnie qui, sous le nom de Société de l'Orient, commença ses premières tentatives à la baie de Sainte-Luce, ayant pour agents Pronis et Fauquembourq, qui se retirèrent bientôt à Fort-Dauphin, plus salubre que la baie de Sainte-Luce. Là, ces deux intrépides colons jetèrent les fondations de la puissance française dans la mer des Indes et dans la grande île africaine.

A Pronis succéda Etienne de Flacourt, homme actif et énergique, mais violent et peu scrupuleux, à qui l'on doit le premier ouvrage sur Madagascar. Après Flacourt, une conspiration ourdie contre les Français les força à s'échapper de l'île sur un navire mouillé à Fort-Dauphin. L'incapacité et l'esprit de rivalité des divers agents envoyés dans la colonie occasionnèrent des échecs qui découragèrent Louis XIV.

En 1773, une tentative hardie fut dirigée par un homme audacieux et capable, le comte Benyowski, un des héros de l'indépendance polonaise.

Reçu avec enthousiasme à Versailles par le duc d'Aiguillon, Benyowski obtint le commandement d'une expédition importante qui aborda au fond de la baie d'Atongil, sur les bords de la rivière Tungumbali à Louisbourg; elle fut bien accueillie par les chefs des districts environnants. Benyowski s'empressa de construire des forts et d'établir des postes de défense le long de la côte, à Angoutzy, dans l'île Marosse, à Fénériffe, à Foulpointe, à Tamatave, à Manahar et à Antsirak. Une seule peuplade, celle des Zaffi-Rabé, voulut résister, elle fut battue et forcée de fuir dans les forêts avoisinantes. Mais un terrible adversaire, la fièvre, vint sévir sur les compagnons du vaillant aventurier, qui perdit même son fils. Les Français durent quitter le rivage, et allèrent s'installer à neuf lieues dans l'intérieur des terres.

Pendant ce temps-là, la jalousie des administrateurs de l'île de France poursuivait le gouverneur général de Madagascar et travaillait à paralyser ses efforts; mais Benyowski noua des relations avec les principaux chefs de tribus, contracta des alliances au cœur même du pays, éleva des forts, perça des routes, creusa des canaux pour le transport des marchandises et fit reconnaître la domination française partout où il put pénétrer. Telle était son influence sur ces indigènes, qu'une assemblée de vingt-deux mille naturels proclama solennellement à Foulpointe paix et alliance avec lui.

Une vieille femme malgache nommée Suzanne, qu'il avait ramenée de l'île de France et qui disait avoir été vendue aux Français en même temps que la fille de

Ramini, dernier chef suprême de la province de Manahar, prétendit reconnaître en Benyowski le fils de cette princesse, et, par conséquent, l'héritier de la dignité souveraine et du chef Ramini. En 1776, une députation de chefs se rendit près du héros et le déclara roi par droit de naissance.

A cette manifestation des chefs madécasses se joignirent trois officiers et cinquante soldats français, qui se déclarèrent décidés à unir à tout jamais leur sort à celui de Benyowski. Il se regarda dès ce moment comme le roi de Madagascar; deux mois plus tard, il s'embarqua pour Versailles, afin d'y expliquer sa conduite.

Mais comme on avait fait pour Dupleix et Lally-Tollendal, tout en lui décernant une épée d'honneur et en admettant ses raisons, on lui retira son emploi au lieu de reconnaître sa souveraineté, qui nous eût sans doute à jamais assuré la possession de la grande île.

Benyowski chercha en vain de l'appui en Angleterre, en Autriche et en Amérique. Déçu dans ses espérances, il reprit la mer en 1785 pour retourner à Madagascar, débarqua à Nossi-Bé, se rendit par terre à Atongil, se posa en ennemi déclaré des Français et s'empara des magasins de vivres appartenant au gouvernement de l'île de France. Il n'y avait plus à hésiter. Un bâtiment de guerre vint de Port-Louis contre l'audacieux aventurier, et, à la première attaque, Benyowski reçut une balle qui l'étendit raide mort. Après sa mort, les établissements récemment fondés par lui furent abandonnés. Sous la République et l'Empire, il n'y eut plus à Madagascar qu'un commerce d'escales et quelques points de relâche protégés par un faible détachement de troupes de la garnison de l'île de France.

En 1810, quatre cents soldats français, soutenus par douze ou quinze cents hommes de la milice créole, luttèrent avec bravoure contre vingt mille Anglais, qui s'emparèrent de l'île de France, à laquelle ils rendirent le nom d'île Maurice qu'elle avait porté autrefois.

On ne peut lire sans émotion et sans intérêt la défense audacieuse et héroïque de cette poignée d'hommes, qui ne succombèrent que sous le nombre, et qui, frémissants d'indignation, durent se rendre à leurs vainqueurs.

Maîtres de l'île, les Anglais en firent une position formidable, siège de leur puissance sur la côte occidentale d'Afrique, et, pour compléter leur conquête, ils allèrent, l'année suivante, se substituer à nous dans nos divers postes de Madagascar; ils y détruisirent nos forts, et, n'ayant pas de vues sur le pays, ils l'abandonnèrent aux indigènes.

La paix de 1814 nous rendit quelques lambeaux de notre puissance coloniale, et le traité de Paris ramena dans la diplomatie anglo-française la question de Madagascar, car l'article VIII du traité nous rendait toutes les possessions, colonies et comptoirs que nous possédions en 1792 en Asie, en Afrique et en Amérique, excepté Tabago, Sainte-Lucie, l'île de France et ses dépendances, notamment les Seychelles et Rodrigues.

Vers le commencement de ce siècle, la tribu des Hovas était gouvernée par Dinampouine ou Adrian-Ampouine. Ce chef, après trente ans de règne, laissa pour successeur son fils Radama, âgé de dix-huit ans, qu'on peut regarder à juste titre comme fondateur de la puissance des Hovas et comme le premier roi de Madagascar, car il finit par constituer un véritable gouvernement et conquérir la souveraineté totale de l'île.

L'ambition et le désir de la renommée étaient le désir du jeune roi : les agents anglais, en le flattant adroitement, prirent assez d'empire sur lui pour diriger ses actes, ils lui donnèrent même officiellement le titre de roi de Madagascar.

En revanche il abolit la traite des esclaves. Des instructeurs européens furent envoyés à Madagascar pour dresser l'armée indigène au maniement des armes et à la tactique européenne; de plus, la marine britannique reçut à bord de ses bâtiments un certain nombre d'apprentis marins, et nombre d'autres indigènes furent envoyés en Angleterre pour s'instruire et se façonner à la vie civilisée. Bientôt Radama étendit son territoire au-delà de la province d'Ankova, sa frontière primitive, et jeta les bases d'une puissance sérieuse.

Mais sir Robert Farquhar ayant été remplacé à Port-Louis par le général Hall, celui-ci ne voulut pas ratifier les engagements pris par son prédécesseur. Irrité de ce manque de foi, le jeune roi reporta sur les Français toutes les bonnes dispositions qu'il avait montrées aux Anglais. Ce changement dura peu. Sir Robert revint à Maurice et renoua ses relations avec Tananarive. En 1818, 1820, 1821, des missionnaires anglicans s'établirent dans la capitale avec l'autorisation de Radama, et amenèrent avec eux des auxiliaires intelligents, chargés d'enseigner la plupart des actes et des arts indispensables à la vie sociale. En dix ans de temps, dix à quinze mille individus surent lire, et beaucoup surent écrire. Plusieurs savaient l'anglais. Mille ou quinze cents jeunes gens avaient appris les métiers de forgeron, charpentier, tourneur, cordonnier, tailleur, etc.

Tels furent les premiers résultats de l'alliance du prince hova avec les Anglais.

Mais, tandis que l'influence anglaise triomphait à la cour d'Emirne, le Gouvernement français ne perdait pas de vue ses anciennes possessions de l'île africaine. Il reprenait possession de Sainte-Marie, de Tamatave, de Fort-Dauphin et de Tintinge.

Ce n'était pas l'affaire de l'Angleterre. Excité par les conseils de l'agent anglais Hastié, Radama, à la tête de forces considérables, vint s'emparer de Foulpointe et assiéger dans Tamatave le représentant de la France, qui, se voyant dans l'impossibilité de résister, dut capituler. Le drapeau français fut arraché à Fort-Dauphin et remplacé par celui d'Emirne.

Les choses en étaient là quand un événement imprévu sembla devoir changer la situation. Radama Ier mourut, vieilli avant l'âge par les débauches et l'abus des spiritueux. Il n'avait que trente-six ans. Radama était violent et accoutumé à la domination, mais juste et éloquent; sanguinaire parfois et rusé, il sut profiter de tous les moyens que l'Angleterre lui offrit pour agrandir sa puissance. La mort de Radama fut un malheur pour les Malgaches qu'elle replongea dans la barbarie la plus profonde.

Deux partis se trouvèrent aux prises pour la succession du roi. L'un était représenté par Rakoutoubé, neveu de Radama et le successeur qu'il avait désigné. Rakoutoubé était l'élève des missionnaires anglais, et son parti était celui de la jeunesse à demi civilisée.

L'autre était celui des vieux Hovas, ennemis des innovations de Radama; il avait pour chef Andrian

Mihaza, homme énergique et audacieux. Andrian Mihaza organisa une révolution de palais au profit de Ranavalo, une des épouses et cousines du roi défunt, femme aux instincts sanguinaires, qui fut proclamée reine. Rakoutoubé, son père; Ratteffs, commandant militaire de Tamatave; sa mère, ses autres parents, les chefs qui s'étaient déclarés pour eux, furent impitoyablement mis à mort.

Andrian Mihaza, débarrassé de tous ses rivaux, prit les rênes du Gouvernement et affermit le pouvoir de Ranavalo, qui égala bientôt celui de Radama.

La position des Européens devint critique.

La France ne pouvait laisser impunies les humiliations infligées par les Hovas à son drapeau. Une petite escadre commandée par le capitaine Gourbeyre, partit de Bourbon le 15 juin 1829 et arriva devant Tamatave. Le commandant français écrivit à Ranavalo pour notifier les prétentions de son Gouvernement aux droits de la France sur la côte orientale de Madagascar, et se rendit devant Tintinge, après avoir fixé un délai de vingt jours pour une réponse. Le 2 août, il reprit possession de cette ville, et, le 10 novembre, n'ayant reçu aucune réponse, il retourna à Tamatave qu'il attaqua. De là l'expédition se rendit à Foulpointe. Les succès ne furent pas les mêmes : la petite colonne fut obligée de battre en retraite et de se rembarquer;

mais à la Pointe à Larrée, les Hovas furent battus.

Cependant l'expédition était trop faible pour tenter un nouvel effort sur Foulpointe, et M. Gourbeyre retourna à Bourbon, laissant deux gabarres pour protéger Tintinge et Sainte-Marie.

Une nouvelle expédition avec des renforts importants fut décidée; sur ces entrefaites éclata la révolution de juillet 1830, et l'on fut obligé d'ajourner l'expédition projetée.

En 1839, les Sakalaves de l'ouest demandèrent au contre-amiral de Hell, gouverneur de Bourbon, la protection de la France contre les Hovas, offrant en échange la cession des provinces et des îles leur appartenant.

Un des premiers actes du règne de Ranavalo avait été la rupture du traité passé par Radama avec les Anglais. Quinze jours à peine s'écoulèrent entre l'avènement de la reine et son opposition flagrante aux entreprises des missionnaires anglicans. Comme on le sait, les protestants communient sous les espèces du pain et du vin : aussitôt après la célébration de la communion des convertis, la loi défendant l'usage des boissons enivrantes fut mise en vigueur, et l'on enjoignit aux chrétiens de remplacer le vin par l'eau.

Peu à peu, il fut défendu aux esclaves d'apprendre à lire et à écrire; l'enseignement de la lecture et de l'écriture fut limité, par un édit royal, aux seules écoles du Gouvernement. Puis Ranavalo défendit aux missionnaires tout enseignement religieux, la reine interdit à ses sujets sous les peines les plus sévères de sortir du territoire madécasse. Ce fut un échec notable pour la politique anglaise, qui vit ainsi détruire en un jour, sur cette terre disputée à la France, le fruit de ses efforts prolongés et les sommes considérables que ses agents avaient jetées dans le gouffre toujours ouvert et inassouvi de l'avidité hova. Enfin, en 1845, Ranavalo, décidée à en finir d'un seul coup avec les étrangers, prétendit appliquer les lois du pays aux Européens établis à Madagascar par un décret dont voici le texte :

« A partir de ce jour, tous les habitants et commerçants seront tenus de se soumettre à la loi malgache, faite en ce jour, concernant les étrangers, c'est-à-dire de faire toutes les corvées de la reine, d'être assujettis à tous les travaux possibles, même ceux des esclaves, de prendre le tanghin (1) lorsque la loi les y oblige, d'être vendus et faits esclaves s'ils ont des dettes, et d'obéir à tous les officiers et même aux derniers des Hovas ; il leur est défendu de sortir de Tamatave sous aucun prétexte et de faire aucun commerce avec l'intérieur de l'île.

(1) Sorte de poison végétal qui servait aux épreuves judiciaires.

« Si, dans quinze jours, ils n'ont pas accédé au décret présent, leurs clôtures seront brisées, leurs marchandises pillées, et eux-mêmes seront embarqués sur le premier navire en rade. »

Les jours suivants, les Hovas firent aux Européens de nouvelles sommations accompagnées de menaces et de violences ; leur détermination de chasser les étrangers était si bien prise que l'arrivée devant Tamatave des navires français *le Berceau* et *la Zélée*, et de la corvette anglaise *le Couway* ne put les en faire changer.

Les commandants se concertèrent, et les trois navires ouvrirent le feu sur la ville, où l'incendie se déclara. Trois cent vingt hommes débarquèrent et pénétrèrent dans le fort; mais, les munitions leur manquant, ils revinrent à bord en bon ordre. Le lendemain, les têtes des Européens étaient échelonnées sur le rivage, plantées au bout de sagaies, en signe de défi.

Ce que les chrétiens établis à Madagascar eurent à souffrir des fantaisies sanguinaires de Ranavalo est inimaginable. En 1849, année pendant laquelle les persécuteurs montrèrent le plus d'acharnement, des officiers de la reine, portant la lance d'argent appelée « le haïsseur du mensonge », arrêtaient et interrogeaient quiconque était soupçonné de s'être fait chrétien. C'est alors que fut publié le singulier document qui suit:

« Si quelqu'un baptise, c'est-à-dire administre ou reçoit le baptême, je le mettrai à mort, dit Ranavalomanjaka ; car il change les prières des douze rois. Par conséquent, recherchez et surveillez, et, si vous trouvez quelqu'un, homme ou femme, commettant ce crime, prenez-le et tuez-le, car moi et vous nous tuerons ceux qui feront pareille chose, leur nombre montât-il à la moitié du peuple. Car quiconque changerait ce que les ancêtres ont ordonné et fait, et prierait les ancêtres des étrangers, et non Andrianampoïnimérina et Lehidama, et les idoles qui ont sanctifié les douze rois, et les douze montagnes qui sont adorées, quiconque, dis-je, changerait tout cela, je fais savoir à tout le peuple que je le tuerai. Ainsi dit Ranavalomanjaka. »

A la moindre dénonciation d'un ennemi, l'accusé était un homme perdu, on l'exécutait sans même l'avertir du motif de sa condamnation.

La moitié du peuple était les exécuteurs ou les dénonciateurs, l'autre servait de victimes, et les supplices les plus affreux furent appliqués. La reine vivait pourtant avec un calme apparent, mais son âme était bourrelée de remords. Après avoir fait assassiner son amant, Andrian Mihaza, le meurtrier Rainiharo était devenu son favori et s'appuyait sur son collègue Ratsimaniche ; pendant dix-huit ans Rainiharo fut à la tête des affaires de Madagascar et le maître absolu du pays. Après lui vint un autre monstre, plus cruel et plus rapace que ses prédécesseurs, Rainizair.

Ce fut sous ce dernier ministre qu'eut lieu, en 1857, un complot organisé par deux Français dont les noms resteront à jamais écrits à Madagascar : MM. Laborde et Lambert, complot qui avait pour but de s'emparer de Rainizair et d'amener la reine à abdiquer en faveur de son fils Rakoto, tout dévoué aux idées européennes et qui fut plus tard Radama II.

Le complot avorta par la vigilance de Rainizair, et l'avènement de Rakoto fut différé de quelques années.

M. Laborde revenait de l'Inde en 1831, lorsqu'il fit naufrage sur la côte est de Madagascar, près de Fort-Dauphin. A cette époque, il y avait dans l'île un Français natif de Marseille, M. Arnoux, qui avait fondé à Mahéla, à l'embouchure de la rivière, dans la province d'Antatsimou, une importante plantation de caféiers et de cannes à sucre. A la mort de Radama Ier, cet établissement marchait à merveille. Persécuté par Ranavalo, comme les autres Européens, M. Arnoux prit le parti d'aller à Tananarive se plaindre directement à la reine. Il obtint justice, mais il mourut au retour, laissant pour le remplacer M. Napoléon de Lastelle, capitaine de marine marchande de Saint-Malo, qui prit aussitôt la direction de l'établissement, dont l'importance croissait de jour en jour, quand l'expédition Gourbeyre faillit arrêter le cours de sa prospérité.

M. de Lastelle reçut l'ordre d'aller à Tananarive. Ses amis le pressaient de s'évader, il résista à leurs conseils et se rendit auprès de la reine, à laquelle il plut par sa hardiesse, et, au lieu d'être chassé, il obtint le renouvellement de son traité, avec le fermage des droits de douane de Fénériffe, de Manourou et de Manzanari. Il avait donc une belle situation à Mahéla et même à Madagascar quand M. Laborde y parut, et ce fut lui qui le recueillit. M. de Lastelle sut bien vite apprécier son compatriote ; il écrivit à la reine qu'il avait trouvé un blanc capable de lui monter des fabriques de canons et de fusils, et, la même année, M. Laborde obtint l'autorisation de se rendre à Tananarive.

M. de Lastelle, avec une vingtaine d'Européens, avait créé un grand mouvement industriel, formé plus de cent cinquante charpentiers malgaches, construit une goélette de 40 tonneaux ; il avait des tonneliers, des forgerons ; il fabriquait des haches, des pelles, des pioches pour Bourbon et Madagascar.

Bientôt sa plantation était devenue plus belle que celles des îles Maurice et de la Réunion. Il avait multiplié le bancocoulier et l'arbre à pain, planté plus de cinquante mille cocotiers et près de deux cent mille caféiers, organisé une guildiverie (1) et une importante sucrerie.

M. Laborde fit plus encore : il installa des fonderies de canon, des verreries, des faïenceries, des magnaneries, des forges, des indigoteries, plusieurs guildiveries etc., etc. Il établit sa résidence à Soatsimananpiovana, à huit lieues de Tananarive, dont il fit un village militaire et manufacturier pour ses ouvriers.

C'est là que M. Laborde, pendant vingt-huit ans, donna à tous les Européens, mais surtout à ses compatriotes, une hospitalité princière, et en arracha un grand nombre à la misère, à l'esclavage et même à la mort. Il acquit une grande influence sur la reine par d'éminents services; aimant sa patrie avant tout, il ne se servit de son crédit que dans l'intérêt de la France, et ce fut lui qui obtint, avec M. Lambert, l'entrée des missionnaires catholiques à Madagascar.

M. Laborde avait remarqué les heureuses dispositions du prince Rakoto ; il se l'attacha dès l'enfance, l'instruisit par ses conversations, le mit autant que possible au courant de notre civilisation et l'initia au christianisme. Sous son inspiration, Rakoto conçut le projet de se servir de la France pour relever le peuple de Madagascar.

De concert avec MM. Laborde et de Lastelle, il s'ef-

(1) Fabrique de rhum.

força d'arrêter les progrès de l'influence anglaise, qui ne tendait qu'à flatter les penchants tyranniques de Ranavalo, car il y avait à la cour d'Emirne un véritable parti anglais, formé de quelques Hovas des meilleures familles du pays, qui avaient été élevés en Angleterre.

Dès 1847, Rakoto avait fait connaître son désir au contre-amiral Cécile, et l'amiral lui répondit de Sainte-Marie pour l'encourager dans cette voie. En 1852, le prince, persistant dans ses intentions, en informait M. Hubert-Delisle, gouverneur de la Réunion. Enfin, en 1854, il écrivait à l'empereur Napoléon III pour solliciter son concours effectif, offrant d'accepter le protectorat de la France, et il s'adressait à un missionnaire catholique pour le prier de faire parvenir sa lettre.

L'année suivante, arrivait à Madagascar, appelé par ses intérêts commerciaux, un autre Français qui, depuis lors, n'a pas cessé d'y jouer un grand rôle. M. Lambert, qui avait passé sa jeunesse à Nantes, s'était marié à l'île Maurice, où il avait fondé une puissante maison de commerce. Son âme élevée et généreuse comprit tout de suite les intentions de M. Laborde ; comme lui, il s'attacha au prince Rakoto, qui le paya de retour par une vive affection. M. Lambert fut tout de suite initié aux projets du prince. Une garnison hova était assiégée dans Fort-Dauphin par des tribus ennemies, et le Gouvernement d'Emirne était complètement dépourvu des moyens de la secourir. M. Lambert offrit à la reine un de ses navires, qui porta des vivres et des hommes à Fort-Dauphin et assura le succès des Hovas. A l'occasion de ce service, le négociant français fut invité par Ranavalo à se rendre à Tananarive, faveur dont il sut profiter.

Pendant six semaines de séjour dans la capitale, M. Lambert vécut dans l'intimité du prince et de ses amis, se dévouant corps et âme à leurs projets. D'un autre côté, la reine, pour lui témoigner son bon vouloir, consentit, sur sa demande, à ce qu'un missionnaire français résidât à Tananarive.

Quand M. Lambert quitta cette ville, Rakoto le chargea de se rendre à Paris pour y renouveler, en son nom, près du Gouvernement français, sa demande du protectorat.

La lettre que le prince écrivait à l'empereur énumérait les malheurs du peuple malgache et implorait le secours de la France. Elle était accompagnée d'une supplique d'un des principaux chefs de l'île.

Quand M. Lambert arriva à Paris, dans les premiers jours de décembre 1855, le Gouvernement lui fit un excellent accueil, et donna son approbation à la fondation d'une grande Compagnie agricole, industrielle et commerciale, en la subordonnant à l'établissement d'un Gouvernement indigène régulier, apte à donner des garanties suffisantes ; mais, quant à l'envoi des troupes à Madagascar (c'était au moment de la guerre de Crimée), cette mesure fut regardée comme impossible, vu l'état des choses ; on dut ajourner la question du protectorat demandé.

M. Lambert se rendit à Londres, où lord Clarendon s'opposa formellement à toute idée de protectorat ; et pendant ce temps, le Révérend Ellis, quittant Londres, se rendait à Maurice et de là à Tamatave, où il se présentait comme envoyé de l'Angleterre. De son côté le R. Griffiths écrivit au prince Rakoto pour l'aviser de la prochaine arrivée de MM. Ellis et Caméron.

Malheureusement pour l'agent anglais, il rencontra sur son chemin M. Laborde, qui, connaissant les menées habituelles des Anglais et leur politique cauteleuse, sut démasquer le but de M. Ellis.

Le missionnaire anglican fut reçu avec politesse à Tananarive, mais ce fut tout. En dépit de son activité, de ses cadeaux et de tous les moyens qu'il employa, il ne put faire accepter le traité d'alliance et de commerce qu'il proposait, et il dut repartir comme il était venu.

Champion actif des intérêts britanniques, il devait plus tard se retrouver aux prises avec M. Lambert. Tandis que la mission de celui-ci échouait en France, le Gouvernement de Ranavalo poussait la tyrannie à ses dernières limites contre les populations de Madagascar. En mars et avril 1857, principalement, la terreur régnait à Tananarive ; chaque jour le chiffre des exécutions augmentait. Rakoto sauva beaucoup de monde, mais sa bonne volonté était impuissante pour réprimer la férocité de Rainizair et de Ranavalo.

C'est alors que M. Lambert arriva d'Europe, après une absence de près de deux ans, accompagné de Mme Ida Pfeiffer et porteur de riches présents pour la reine et le prince. Il fut admirablement reçu.

Le prince avait envoyé à sa rencontre, à Ambatomanga, ses *menamaso* (ou compagnons d'enfance formant sa garde d'honneur), avec deux troupes de musique militaire et un chœur de chanteuses, et un prince de la famille royale avait mis son palais à la disposition du voyageur. La réunion commença par des discours de circonstance.

La reine, contrairement au cérémonial obligatoire, avait accordé la permission d'entrer à Tananarive, et l'affluence était telle qu'on eût dit un véritable triomphe. Rakoto était le plus empressé et le plus impatient ; il tomba dans les bras de M. Lambert en l'embrassant. La reine elle-même, Ramboasalama, toute la famille du commandant en chef Rainizair et les principaux officiers, multiplièrent leurs attentions et leurs prévenances.

Le peuple apporta des moutons, des bœufs, des poules et du riz comme présents d'hospitalité ; après les avoir acceptés, on les distribuait aux gens venus des campagnes voisines. On célébra plusieurs fêtes magnifiques en l'honneur de M. Lambert. Le prince et ses partisans voyaient en lui un sauveur, et grande fut leur deception quand ils surent qu'ils n'avaient pour le moment aucune aide à espérer de la France. Le projet fut aussitôt arrêté de s'emparer ou de se défaire de Rainizair.

Il existait alors deux partis distincts à Madagascar : l'un, les *priants*, entièrement composé de chrétiens méthodistes ; l'autre, sous le nom de *religionnaires* ou *hommes de la prière*, et dont les membres aspiraient à un meilleur état de choses. Ces derniers se chargèrent de l'exécution du complot, promettant qu'il n'y aurait pas de sang versé. Rakoto tenait à rester en dehors de l'action, et le rôle de MM. Laborde et Lambert était de veiller à la sûreté du prince.

Au moment d'agir, les religionnaires hésitèrent, en découvrant que leur tentative n'aboutirait qu'à établir le catholicisme à Madagascar et à assurer l'influence française.

Ils se consultèrent de nouveau ; au moment d'agir,

le courage manqua aux chefs, le signal ne fut pas donné, et la conjuration avorta misérablement.

Le 29 juin au soir, celui des *priants* qui inspirait le plus de confiance au Révérend Ellis, parce qu'il s'était fait conférer le titre de ministre méthodiste, se présente à Rainizair et dénonce ses compagnons, les accusant de prier, de prêcher, de baptiser ; il ajoute qu'ils veulent établir une république et affranchir les esclaves ; il affirme que les blancs sont à la tête du complot, que Rainizair en sera la première victime et que sa tête a été mise à prix.

Pendant ce temps-là, les missionnaires catholiques résidant à Soatsimananpiovana, non seulement n'entraient pas dans le complot, mais avaient été chercher à huit lieues de la ville des malades à soigner.

La volonté de sévir ne manqua point au vieux Rainizair, mais la prudence l'obligea à la modération.

Dans un kabar (1), convoqué le lendemain 30 juin, le peuple fut informé que les *priants* s'étaient assemblés pour prêcher et baptiser, et dix de leurs chefs furent désignés à la justice du peuple : tous ceux qui avaient assisté à leurs réunions devaient, pour avoir

---

(1) Assemblée générale des indigènes, sorte de grand conseil populaire.

la vie sauve, s'accuser eux-mêmes et se mettre à la disposition de la reine.

Rakoto avait prévenu les *priants*; plus de trois cents avaient disparu de Tananarive avant l'assemblée du peuple; plusieurs, indignés de la lâcheté des autres, se livrèrent et moururent dans les supplices. Le tour des étrangers vint bientôt. Environnés d'espions, il ne leur fut plus possible de quitter la maison de M. Laborde.

On avait songé à les faire périr; mais Rakoto les défendit, et sut persuader à sa mère que M. Lambert était l'agent du Gouvernement français; on se borna pour eux à l'épreuve du tanghin... faite à leur adresse sur des poulets. Un seul, qui représentait le père Weber, fut épargné par le *lampi-tanguine*, tous les autres succombèrent et furent déclarés coupables.

Le 17 juillet, la reine, déclarant user de clémence, faisait grâce de la vie aux blancs, mais les expulsait à tout jamais de ses États. Une heure leur était accordée pour se préparer au départ. Par une faveur spéciale, une journée fut accordée à M. Laborde dont tous les biens furent déclarés appartenir à la reine.

Ranavalo fit rendre à M. Lambert les cadeaux qu'il avait apportés, mais un grand nombre manquaient, et leur disparition fut attribuée à des officiers de la cour. Les prisonniers quittèrent Tananarive en deux bandes, escortées chacune de cinquante soldats. On accourut en foule pour voir les Européens, mais personne ne leur adressa d'insultes; le peuple, qui était censé les repousser, ne les voyait pas partir sans regrets, car avec eux s'éteignait pour lui l'espoir de la délivrance.

Seul, le prince, malgré sa douleur, eut assez de calme pour songer à l'avenir, et il trouva le moyen de faire remettre une lettre à M. Lambert, pour obtenir des secours de l'Empereur.

Vers le milieu de septembre, nos nationaux s'embarquaient à Tamatave.

Ainsi finit cette entreprise malheureuse. Rien ne vint plus troubler ni les cruautés de Ranavalo, ni la domination du jongleur Rainizair, jusqu'au moment de sa chute définitive.

Au moment où la question de Madagascar semblait devoir se développer heureusement, où tout paraissait disposé pour le succès de notre colonisation et de la prise de possession de ce pays, éclata la guerre d'Italie.

On oublia Rakoto, M. Lambert et Madagascar, pour ne plus voir que l'éclat pompeux et trompeur des victoires de Solférino et de Magenta. M. Laborde, d'abord retiré à la Réunion, finit par obtenir du Gouvernement hova l'autorisation de se fixer à Tamatave, mais sans pouvoir retourner à Tananarive.

Enfin, dans la nuit du 14 au 15 août 1861, la mort vint mettre un terme au terrible règne de Ranavalo. Ce fut encore l'occasion d'une révolution dans le palais. Deux partis étaient en présence ; celui de Rakoto, fils de la reine, le protecteur et l'ami des Français, l'autre était celui de Ramboasalama ou Ramboussalam, neveu de Ranavalo, qui avait été présenté, étant enfant, par Radama Ier comme son successeur au trône.

On vit plusieurs fois, durant cette longue nuit d'attente, Ramboasalama entrer au palais, toujours armé, pour se défaire de son cousin. Mais il était lâche, et n'eut pas le courage d'accomplir ses sinistres desseins ; il se laissa surprendre, au contraire, et les conjurés du parti de Rakoto entraînèrent ce dernier sur le balcon et le présentèrent au peuple, qui l'acclama et le proclama roi sous le nom de Radama II.

On vit ainsi pour la première fois à Madagascar l'avènement d'un souverain hova sans aucune effusion de sang.

Le règne de Radama II inaugura une ère nouvelle dans la grande île africaine.

Un des premiers soins du monarque fut de rappeler auprès de lui MM. Laborde et Lambert. Ordre fut donné de mettre en liberté tous ceux qui avaient été emprisonnés dans les dernières années du règne de Ranavalo ; la peine de mort fut abolie, la peine du tanghin fut supprimée, et les lois relatives à l'esclavage furent abrogées.

On autorisa les chrétiens à pratiquer ouvertement leur religion ; on suspendit provisoirement les droits de douane, et l'accès de l'île fut laissé libre pour tous les étrangers. Plusieurs missionnaires furent appelés dans l'île.

Les Anglais, aussi, surent profiter des bonnes dispositions du nouveau roi ; le gouverneur de Maurice envoya féliciter Radama II de son avènement à la couronne. De son côté, la France envoya à Madagascar le capitaine de frégate Brossard de Corbigny pour complimenter Radama. Le Gouvernement français ne reconnut pas seulement Radama II pour roi des Hovas, mais pour roi de l'île Madagascar, *sous la réserve des droits de la France.*

Le couronnement de Radama eut lieu le 23 septembre 1862. La France et l'Angleterre y furent représentées : la première par le capitaine de vaisseau Dupré, commandant la division navale des côtes occidentales d'Afrique ; la seconde par le général Johnstone.

Le 5 juillet, le capitaine Dupré entrait en rade de Tamatave avec la frégate l'*Hermione* et les membres de la mission : MM. de Ferrières et Dewatre, lieutenants de vaisseau ; le commandant particulier de Sainte-Marie ; le R. P. Jouen, préfet apostolique de Madagascar ; M. Soumagne ; le lieutenant-colonel Lesseline ; les capitaines Mazières et Prud'homme et le docteur Auguste Vinson.

Les relations les plus amicales s'établirent entre le roi et les Français; mais l'arrivée de la mission anglaise mit une espèce de contrainte dans les rapports officiels, car Radama s'étudiait à maintenir la balance entre les officiers des deux nations, lorsqu'ils se trouvaient réunis en sa présence. Le commandant Dupré avait été chargé de soumettre au roi un projet de traité d'amitié et de commerce. Il profita de cette occasion pour demander au roi si, dans le but de donner plus d'authenticité à la charte que depuis longtemps il avait accordée à M. Lambert pour l'exploitation des richesses agricoles, minérales et végétales du pays, il consentirait à la signer de nouveau publiquement. Radama se prêta de la meilleure grâce à cette demande, et l'acte, transcrit sur parchemin, reçut cette triple garantie devant une assistance nombreuse de Malgaches, de Français et d'Anglais. Le couronnement se fit avec toute la pompe possible. Les cadeaux apportés par M. Lambert de la part de l'empereur et de l'impératrice firent merveille. Le pape ne pouvant conférer une décoration à un prince encore païen, lui avait fait offrir, avec une lettre touchante, un médaillon en mosaïque, représentant une main qui bénit. Radama le porta au col le jour du couronnement et parut fier de cette distinction.

L'avenir semblait assuré pour Madagascar. Avec le roi Radama II, une ère nouvelle de prospérité et de civilisation paraissait s'ouvrir pour la grande île. Cependant on s'était trop hâté de crier victoire, et le temps gardait une déception cruelle aux amis du progrès et de l'humanité.

Dans les premiers jours de juillet 1863, arriva à Paris la nouvelle qu'une révolution avait éclaté à Madagascar, que Radama avait été assassiné, et que sa veuve Rabodo avait été mise sur le trône à sa place.

M. Laborde écrit au *Moniteur* :

« Il y avait autour du roi deux partis : d'une part, les anciens officiers et les grands du peuple ayant à leur tête le premier ministre et le commandant en chef ; de l'autre, les *Menamaso* (ou gardes de Radama, élevés avec lui et qui s'étaient emparés du pouvoir). On accusait ces derniers d'injustices et de concussions dans l'administration de leurs charges, et principalement dans celle de la justice. On signalait une grande immoralité à la Maison de pierre, à *Ambohimit-simbina*, résidence habituelle du roi, exclusivement fréquentée par les Menamaso. De plus, il y avait entre les deux partis un motif de division bien puissant, c'était une antipathie de race.

« Andrianampoimmérina, père de Radama Ier, était du nord de Emérina. Il fut aidé par les gens du Nord à former un royaume de douze petits États réunis. Les faveurs avaient été naturellement pour les gens du Nord, et les Menamaso sont du Sud ; de plus, le Ministère avait toujours été l'apanage de la famille très puissante de l'ancien commandant en chef, Rainikaro ; or, son influence était absorbée par celle des Menamaso. Il ne fallait donc qu'un prétexte pour faire éclater les hostilités.

« Le roi l'a fourni en publiant une loi qui autorisait le duel, et même le combat de tribu à tribu, de village à village, sans autre formalité que le consentement des deux parties. C'était proclamer la guerre civile.

« Le lendemain de la promulgation de cette loi, le 8 mai, les officiers et les grands allèrent trouver le roi et le prièrent de la révoquer. Il refusa formellement et déclara qu'elle serait maintenue malgré tout. A cette protestation les officiers répondirent :

« Eh bien, il ne nous reste plus qu'à nous armer dans la crainte d'une attaque. »

« Et ils se retirèrent.

« Ce soir-là, en effet, vers quatre heures, la ville était pleine d'hommes armés se rendant en masse chez le premier ministre. Je rassemblai aussitôt, dans la crainte d'une émeute, tous nos nationaux, en commençant par les Frères et les Sœurs. Le consul anglais prit les mêmes mesures, et nous passâmes ensemble cette nuit.

« Le lendemain, les officiers et les notables envoyèrent au roi une nouvelle députation pour le sommer de révoquer la loi promulguée. Sur son refus, peuple, esclaves et soldats en armes se rendirent sur la place publique ; vers neuf heures, onze officiers de Radama étaient tombés sous leurs coups.

« Cependant le roi, inquiet du sort de ses favoris, se rendit avec la reine à la Maison de pierre, où plusieurs d'entre eux s'étaient réfugiés. Vers midi commencèrent les pourparlers. Les envoyés du peuple, après les salutations les plus respectueuses et les protestations les plus vives de dévouement au roi, lui réclamèrent les hommes qu'il cachait. Sept fois on lui fit la même demande, sept fois il refusa de les livrer. Un officier de la reine se présente devant la multitude portant le pavillon de Radama ; on le salue et on met bas les armes, mais on réclame les coupables. Le roi se fait alors escorter par ses plus fidèles et se rend avec eux au palais.

« La reine se présente à une nouvelle députation, promet, au nom du roi, de livrer les coupables à condition qu'on leur laissera la vie. La reine est invitée à revenir le lendemain, et, en ce moment même, on se dispose à donner l'assaut au palais ; la ville est en état de siège. Le lendemain, vers deux heures, une porte du palais s'est ouverte, et les quatorze individus ont été livrés successivement. Néanmoins, le palais reste cerné, le Comité ayant déclaré qu'il ne traiterait avec le roi que lorsqu'on aurait livré les coupables.

« Le lendemain, vers les dix heures, j'apprenais que le roi avait été assassiné. A une heure, le Conseil nous envoya un de ses membres avec ces paroles :

« — Les coupables sont morts, Rabodo reine de Madagascar. »

« A deux heures, vingt et un coups de canon saluaient son avènement, et l'on adressait à la foule une proclamation ainsi conçue :

« *Le roi, désolé de la perte de ses amis, s'est donné la mort; Rasohérina est reine de Madagascar.*

« Le lendemain on me communiquait, ainsi qu'au consul anglais, la nouvelle constitution à laquelle la reine a juré d'être fidèle et dont voici le résumé :

« *La reine ne boira pas de liqueurs fortes.*

« *Le droit de vie et de mort appartient au Conseil dont elle aura la présidence.*

« *L'abolition du tanghin est maintenue, ainsi que la liberté des cultes, avec une restriction pour le petit village d'Ambohimanga, où se trouve le tombeau de la vieille reine.* »

Voici les premiers actes du nouveau règne :

Rasohérina succède directement à Ranavalo. Radama II est comme s'il n'avait pas existé; son corps restera sans sépulture; — la tolérance religieuse est maintenue; — la peine de mort est rétablie; — les traités sont respectés, et on laissera subsister les relations d'affaires avec les Anglais et les Français.

L'Angleterre se préoccupa du meurtre de Radama et de la révolution de Madagascar, et les commenta à sa manière. La presse anglaise les représenta comme une juste expiation des illégalités commises par ce roi, et s'attacha à insinuer que le traité conclu entre le prince et M. Lambert l'avait été sous l'influence de libations copieuses, et qu'il était le résultat de l'ivresse et de l'abrutissement favorisés par ce dernier.

La nouvelle reine adressa à Napoléon III une lettre pour lui annoncer son avènement au trône et lui exprimer le désir de conserver avec la France des relations amicales, ajoutant qu'elle avait l'intention de protéger les personnes et les intérêts des Français résidant à Madagascar.

Mais la réaction contre les étrangers ne tarda pas à se manifester.

Le Sémaphore de Marseille, sur la foi d'une correspondance de la Réunion du 7 juillet, annonçait que le signataire du traité avec la France avait été assassiné;

qu'il avait été défendu aux Français de prendre possession des terrains concédés ; que les droits de douane avaient été rétablis, et que le consul de France, M. Laborde, s'était retiré à huit lieues de la capitale avec ses compatriotes.

La présence de la corvette la *Licorne* en rade de Tamatave, envoyée par le gouverneur de la Réunion, mit pourtant nos nationaux à l'abri de toute crainte.

Un ultimatum du commandant Dupré, à la date du 7 septembre, exigeait le maintien du traité signé par le feu roi Radama. Il ajoutait même qu'il était décidé à faire une démonstration contre le fort et la ville de Tamatave en cas de refus de la reine.

Mais, à l'instigation du Révérend Ellis, la reine de Madagascar refusa définitivement de ratifier le traité conclu avec la France et la concession de terrains faite à M. Lambert, et elle rétablit les douanes.

Raharla, envoyé hova, vint annoncer à bord de l'*Hermione* que la reine avait refusé de ratifier le traité, et, au moment où il quitta la frégate, le pavillon français fut amené de la demeure de notre consul ; mais M. Dupré crut prudent de ne pas faire de démonstration, dans l'intérêt même de nos nationaux, malgré la présence dans les eaux de Madagascar de cinq navires de guerre : l'*Hermione*, la *Licorne*, le *Curieux*, le *Surcouf* et l'*Indre*.

Pendant quelques mois, il y eut comme un abandon complet de la grande terre africaine, et, malgré notre possession de Sainte-Marie, de Mayotte et Nossi-Bé, les négociants créoles ou européens et les missionnaires, entravés dans leur action par les Hovas, surtout par la haine du ministre Rainivoninahitriniony, osaient à peine se rendre à Tamatave et sur quelques points de la côte, soit pour les besoins du commerce, soit pour l'intérêt des missions.

Cependant M. Lambert ne se décourageait pas plus que M. Laborde, et nos missionnaires, poussés par leur foi et leur charité apostoliques, ne renoncèrent pas à l'introduction du christianisme dans la grande île. Les PP. Jouen, Finaz, Cazet, Laroche, Lavigne, furent admirables de dévouement et de courage. Quelques Hovas, qui lui étaient tout dévoués, tenaient M. Lambert, réfugié à Maurice, au courant de la situation, et il n'attendait que le moment d'agir ; mais des intrigues sans nombre lui firent perdre un temps précieux ; la jalousie des uns, la haine des autres, l'indifférence de quelques hauts personnages occasionnèrent un long retard dans ses affaires.

Le rappel en France du contre-amiral Darricau, gouverneur de la Réunion, et la nomination du commandant Dupré à ce poste semblèrent changer un peu la face des affaires. Le nouveau gouverneur connaissait Madagascar et paraissait résolu à favoriser autant que possible les intérêts de M. Lambert. Le commandant Tricault, chef de la station navale dans la mer des Indes, reçut l'ordre de se rendre à Tamatave. La frégate la *Junon*, les avisos le *Surcouf* et le *Diamant*, le transport le *Loiret* furent envoyés sous ses ordres, avec un détachement d'infanterie de marine et de fusiliers marins (mai 1866).

Cette démonstration effraya la reine et surtout son ministre. Rasohérina consentit à signer et ratifier l'ancien traité, s'engageant en plus à ne molester en rien les chrétiens et à leur laisser le libre exercice de leur religion; elle autorisa les missionnaires à s'établir dans l'intérieur.

M. Lambert voulant alors donner encore plus de développement à sa concession, prit des associés : M. Arnoux, qui avait fondé l'établissement de Mahéla, le leur concéda, ou plutôt le leur abandonna. Mahéla devint bientôt un centre important de civilisation, un comptoir commercial des plus renommés. Un vaste établissement de sucrerie, deux guildiveries ou fabriques de rhum, des maisons de belle apparence s'y élevèrent ; en peu de temps, Mahéla acquit une telle importance que M. de Langle crut devoir y adjoindre l'île de Mohély, où fut créé un autre établissement.

Plus de huit cents blancs habitaient récemment ces

deux points de la côte, que des navires spéciaux venaient fréquemment visiter et abondamment ravitailler en vivres, outils de toutes espèces, produits d'Europe et marchandises propres au pays.

Les choses en étaient là quand mourut Rasohérina (1868), et on craignait un instant une nouvelle réaction qui, heureusement, n'eut pas lieu. Ranavalomanjaka, qui lui succéda, se montra disposée, au contraire, à accueillir d'une manière bienveillante les innovations faites depuis peu.

Le R. P. Cazet, qui assistait à son couronnement, décrit ainsi cette cérémonie :

« Dès la pointe du jour, les canons qui couronnent les crêtes de Tananarive annoncèrent la fête nationale par des détonations successives. La place d'Andohalo est au milieu de la ville et assez encaissée ; elle peut contenir près de deux cent mille Malgaches, l'endroit était encore trop petit. Les lambas blancs des Malgaches avec leur chapeau de paille, les gibus noirs, mais râpés, d'une certaine compagnie de soldats ; les costumes, ou, pour mieux dire, l'accoutrement des officiers ; les habits rouges des princes et des princesses tranchant sur les noirs des Européens : tout cela offrait un coup d'œil varié et assez beau. On ne peut se faire une idée de la bigarrure bizarre de l'armée hova, car chacun se procure son uniforme à ses frais, et il y en a de toutes les espèces et de toutes les nuances. Il y avait treize Pères Jésuites, huit Frères coadjuteurs et trois Frères des Écoles chrétiennes ; onze Sœurs de Saint-Joseph de Cluny. Ajoutez-y M. Garnier, commissaire plénipotentiaire, M. Laborde, consul, son secrétaire, et vous aurez tous les Français de Tananarive.

« A la vue de M. Garnier, les musiciens jouèrent notre air national : *Partant pour la Syrie*. Vers neuf heures et demie, la reine sortit du palais. Cette sortie fut annoncée par des coups de canon, et alors commença le *holy*, ou chant en l'honneur de la reine. Les femmes et les enfants battaient des mains en chantant sans cesse : *T'sara andriana noy ;* « Que notre reine est belle ! » Et les hommes les accompagnaient sur une modulation différente, ce qui donnait à ce chant un air de respect et de grandeur.

« La reine était habillée à l'européenne ; son manteau blanc était parsemé de fleurs et de couronnes d'or ; gants à mailles peu serrées ; canne à pomme d'or à la main.

« Arrivée au milieu de la place où se trouve la Pierre sacrée, elle est descendue de son *filanzana* pour monter sur cette pierre. C'était le moment solennel, car le couronnement consiste en cela seul. La couronne n'est qu'un ornement, aussi devrait-on plutôt dire : la manifestation de la reine à son peuple.

« A peine la reine fut-elle debout sur la pierre, que le

premier ministre commanda la troupe pour présenter les armes ; les musiciens de la reine jouèrent l'air royal, après lequel le peuple entonna le *Tsara va tompoco vavy*, « notre maîtresse va-t-elle bien ? »

« Sa Majesté se rendit à pied à l'estrade qui, du reste, était fort proche. Les princes et les princesses, et nous seuls, occupâmes l'estrade royale. J'étais presque à la droite de la reine. Elle commença alors un discours, où elle déclara au peuple assemblé qu'elle voulait qu'on respectât le traité conclu quelques jours auparavant, avec les Français (ses parents d'outre-mer). Elle parla huit à dix minutes, d'une voix claire et brève, mais je ne pus tout comprendre. Après chaque période, Sa Majesté faisait tourner sa canne, alors soldats et peuple approuvaient par un cri ferme et simultané, les officiers brandissaient leurs épées, les tambours roulaient, les musiques retentissaient.

« Après le discours de la reine, est venue la lecture des lois faite par le secrétaire d'État ; l'un de nos Pères disait :

« — S'ils font exécuter toutes ces lois, ils tueront les trois quarts du peuple. »

« Est venue ensuite la cérémonie du *hasina* ou offrande d'une piastre que chaque chef de tribu offre à la reine pour témoigner sa soumission, et cet argent est censé sanctifier la reine ; d'où le nom de hasina. Puis ont suivi les discours des orateurs malgaches, discours assez brillants et d'un style énergique et figuré, où revenait sans cesse le serment de fidélité à la reine et de dévouement éternel.

« A deux heures et demie, tout était fini ; la souveraine malgache a levé la séance en disant à son peuple :

« — Vous m'avez promis fidélité, j'y compte ; il me faut plus que des paroles. »

« Les canons ont retenti de nouveau, et chacun se retira chez soi, enchanté de la cérémonie.

« Le lendemain, il y eut encore de grands jeux, des danses, des chants, dans la grande plaine de Mahasima. On y vit même un combat à la sagaie et au bouclier. Ce fut encore une belle journée, puis tout rentra dans l'ordre habituel.

« Le 24 septembre, la reine alla à Ambahimanga, la ville sacrée, où se trouvaient les tombeaux de ses ancêtres. L'entrée de la ville était prohibée aux Européens ; la reine leva cette interdiction, et nous pûmes y entrer avec elle et voir que Ranavalo ne faisait point le sacrifice aux idoles comme ses prédécesseurs.

« Douce consolation pour les cœurs de chrétiens et de missionnaires ! »

Les désastreux événements de 1870, dont les Anglais profitèrent pour chercher à abaisser notre puissance, mirent un peu de froideur dans les relations de la France avec le Gouvernement de la reine. La mort de M. Lambert, celle de M. Laborde, le long intérim du consulat français, qui fut confié à M. Soumagne, parfait honnête homme et intelligent négociant, mais peu apte à remplir les fonctions de représentant national, tout cela amena une forte tension entre les deux Gouvernements.

En 1879, à l'arrivée de M. Cassas, nommé consul, les choses prirent tout d'abord une autre face. M. Cassas réclama hautement les droits de nos nationaux, la liberté des transactions commerciales, la propagande de la religion catholique, etc.

Ce ne fut, toutefois, qu'un changement apparent et momentané; la malveillance des autorités ne tarda pas à reprendre le dessus et à se manifester d'une manière irrécusable.

A la fin de février 1880, les rapports étaient fort tendus entre le consul français et le Gouvernement hova. Le consul anglais négociait alors avec ce dernier une cession de huit mille fusils, cession à laquelle s'opposait notre représentant à Tananarive. Il n'était pas facile de faire entendre la voix de la France dans un pays où l'or anglais dépensé à profusion avait acquis une influence prépondérante, malgré les efforts des RR. PP. Jésuites qui avaient été les seuls, jusquelà, à rappeler aux Malgaches qu'au-delà des mers il y avait une France, et à leur apprendre à l'aimer en leur faisant partager leurs croyances religieuses.

Au bout de quelques mois, devant l'hostilité bien déclarée du Gouvernement hova, M. Cassas vint se fixer à Tamatave, cédant la place aux Anglais, et en référa au Ministère des Affaires Étrangères. En juin 1880, il recevait une réponse. Le commandant de la *Clochetterie*, M. Vallon, arrivait à Tamatave et, dans un dîner officiel, déclarait: « que tout ce que la métropole demandait était le maintien du *statu quo*, qu'elle désirait maintenir la paix et les relations existantes, et cela à tout prix. » A tout prix, c'est-à-dire au mépris de tous les traités de garantie des intérêts français, au prix de la sécurité de nos nationaux et de l'avilissement de notre pavillon!!!... M. Cassas protesta avec dignité, en déclarant que, quoi qu'il en fût, et tant qu'il représenterait la France à Madagascar, il était décidé à revendiquer avec énergie nos droits toutes les fois qu'ils lui paraîtraient méconnus.

Depuis lors, M. Cassas fut remplacé à Tananarive et envoyé à Hong-Kong. C'était une véritable disgrâce. Le départ de ce fonctionnaire était une ratification donnée par le Gouvernement républicain à une politique d'abaissement et d'humiliation. Devant un oubli aussi complet de la dignité de la France, il n'est pas étonnant que l'Angleterre, peu soucieuse de respecter nos droits incontestés, alors que nous ne faisions rien pour les maintenir, ait songé à se faire céder, par les Hovas, le port de Madjunga : la cession de ce port, si elle avait eu lieu, eût été pour elle la pierre d'assise d'un nouvel empire des Indes, dont nous n'aurions pu la déposséder que par une guerre.

C'eût été là un nouveau titre de gloire à l'acquit du Gouvernement de la République opportuniste, ajouté à tant d'autres; c'eût été consacrer la ruine de nos colonies de Sainte-Marie, Mayotte, Nossi-Bé ; car, sous le prétexte d'empêcher la traite des noirs, l'Angleterre entraverait toute espèce d'immigration de travailleurs de la côte d'Afrique vers nos colonies, alors qu'elle tolère ouvertement la traite des esclaves à Anjouan et Mohéli, colonisées par leurs nationaux.

Alors, devant toutes ces ruines accomplies par son acquiescement à la politique anglaise, le Gouvernement républicain pourrait dire qu'au Tonkin comme à Madagascar il n'a pas laissé à ses successeurs *une seule faute à commettre.*

Un seul mot pour terminer cette étude sur la grande île africaine. La France ne commettra pas, nous l'espérons, la faute de laisser prendre aux Anglais pied dans l'île ; ce serait, nous le répétons, en détruire pour toujours la vitalité, anéantir nos espérances de colonisation, renoncer à jamais à l'espoir de voir Madagascar chrétien et français.

Oui, il est indispensable que Madagascar soit français, ou, tout au moins, sous le protectorat de la France. C'est le seul moyen d'arrêter l'envahissement toujours croissant de la puissance maritime, de la richesse commerciale et industrielle anglaises, de la prospérité orgueilleuse de ces insulaires.

Voilà deux siècles que nous travaillons à civiliser les Malgaches ; faudra-t-il donc abandonner le fruit de tant de peines et de tant de travaux, de tant d'or dépensé !...

Madagascar catholique est ou plutôt sera entièrement français.

Si le Gouvernement républicain oublie les intérêts de la France et de la religion, ce doit être aux catholiques de veiller à la propagation de la foi dans ce pays si riche, si plein de ressources et d'avenir. L'avenir, en effet, pour l'Afrique orientale et occidentale, est entièrement entre les mains des missionnaires.

Avec l'aide de Dieu et les secours des fidèles, avec leur dévouement, leur zèle infatigable, ils feront plus que l'or des méthodistes et des quakers jeté avec profusion pour étouffer le catholicisme, et un moment viendra où l'on verra luire en traits de feu la vérité, c'est-à-dire la religion catholique dans toute l'étendue de l'empire des Hovas.

Alors Madagascar sera réellement français et deviendra le point d'où partiront de nouveaux François Xavier à la conquête des infidèles, et où rayonnera le catholicisme aujourd'hui persécuté.

TABLE DES MATIÈRES

Une Chasse à l'éléphant au pays des Denkas. 9
Au cœur de l'Afrique. 37
L'Arbre de Matarieh. 85
Le prince Capucin. 101
Une Escale à Madagascar. 127
Les Français à Madagascar. 192